Wolfgang W. Meyer

Jakobswege

1 2 3 4 5   04 03 02 01 00

© Copyright 2000 by Silberburg-Verlag Titus Häussermann GmbH,
Schönbuchstraße 48, D-72074 Tübingen.
Alle Rechte vorbehalten.

Wissenschaftliche Beratung: Professor Dr. Wilfried Setzler, Tübingen.
Fotos: Seite 124: Gemeinde Wallhausen,
Seite 129: Touristikamt Ellwangen an der Jagst.
Alle anderen Aufnahmen: Wolfgang W. Meyer.
Karten:
Grundlage: Topographische Karte 1 : 200 000 © Landesvermessungsamt
Baden-Württemberg (http://www.lv-bw.de),
Az.: 2851.3-A/119; Bearbeitung: Silberburg-Verlag, Tübingen.
Umschlaggestaltung: Frank Butzer, unter Verwendung von Fotos
von Rainer Fieselmann (Vorderseite) und Wolfgang W. Meyer (Rückseite).
Druck: Gulde-Druck, Tübingen.
Printed in Germany.

ISBN 3-87407-342-4.

**Besuchen Sie uns im Internet
und entdecken Sie die Vielfalt unseres Verlagsprogramms:
www.silberburg.de**

Wolfgang W. Meyer

Jakobswege

Württemberg – Baden – Franken – Schweiz

Mit Beiträgen von Gerhilde Fleischer, Peter Kirchmann,
Dieter Klapschuweit und Charlotte Zoller.
Fotos von Wolfgang W. Meyer

Silberburg-Verlag

Gedruckt mit freundlicher Unterstützung
des Europa Zentrums Baden-Württemberg e. V.

Diese Publikation wurde gefördert von:
Badischer Sparkassen- und Giroverband
Diözese Rottenburg-Stuttgart
DaimlerChrysler AG
Erzdiözese Freiburg i. Br.
Landrat Schwarzwald-Baar-Kreis
Ministerium für Kultus, Jugend und Sport Baden-Württemberg
Regierungspräsidium Tübingen
Sparkasse Villingen-Schwenningen
Stadt Friedrichshafen
Stadt Überlingen
Stiftung der Württembergischen Hypothekenbank
für Kunst und Wissenschaft
Volksbank Stockach/Überlingen
Württembergischer Sparkassen- und Giroverband

Inhalt

7 **Zu diesem Buch**

8 **Vorwort**
   (Michael Bosch)

11 **Über Stock und Stein – Pilgerwege durch Europa**
   11 Legendenbildung
   14 Zur Entstehung des Jakobskultes
   15 Pilgerwege
   17 Spurensuche
   17 Die Jakobsmuschel als Pilgerzeichen
   19 Zum Rechtsschutz des Pilgers
   21 Versorgung der Pilger
   21 Niedergang des Jakobskultes *(Peter Kirchmann)*
   24 Jakobspilgern heute *(Peter Kirchmann)*

25 **Der Jakobsweg im Herzen Baden-Württembergs**
   25 Von Winnenden nach Waldshut in elf Etappen
   70 Von Winnenden nach Schaffhausen in neun Etappen

74 **Der Kinzigtäler Jakobsweg**
   Von Horb nach Schutterwald in sieben Etappen

93 **Der Jakobsweg im Landkreis Konstanz**
   Von Mindersdorf nach Konstanz in zwei Etappen

109 **Der Jakobsweg im Linzgau**
   Von Pfullendorf nach Überlingen in einer Etappe
   (Charlotte Zoller und Wolfgang W. Meyer)

121 **Der Fränkisch-Schwäbische Jakobsweg**
   Von Rothenburg ob der Tauber nach Ulm in acht Etappen
   (Dieter Klapschuweit)

135 Jakobswege in Oberschwaben

(Gerhilde Fleischer und Wolfgang W. Meyer)

138 Von Ulm nach Konstanz in acht Etappen
152 Von Ulm nach Nonnenhorn in sieben Etappen

156 Jakobswege in der Schweiz

157 Der Schwabenweg von Konstanz nach Einsiedeln
     in fünf Etappen
168 Der Jakobsweg von Rorschach nach Einsiedeln
     in fünf Etappen
174 Weiter nach Santiago de Compostela

176 Anhang

176 Literaturliste
177 Dank

Zu diesem Buch

enn milde Schauer im April des Märzes Dürre bis zur Wurzel durchdrungen und jede Ader mit dem Saft getränkt, der kraftvoll Blumen sprießen lässt; wenn Zephyr auch in Wald und Feld mit seinem weichen Hauch die zarten Triebe weckt und die junge Sonne im Zeichen des Widders den halben Weg durchmessen; wenn kleine Vögel, die offnen Augs die Nacht durchwacht, ihre Melodien singen, dann drängt es die Menschen, auf Pilgerfahrt zu gehen, und fromme Wanderer wollen fremde Länder sehen und ferne Heiligtümer.« So schrieb Geoffrey Chaucer in den Canterbury Tales (übersetzt von D. Droese, Manesse 1971) aus der zweiten Hälfte des 14. Jahrhunderts über die Motivation, sich aufzumachen, um heilige Stätten zu besuchen.

Für den Menschen des 21. Jahrhunderts bestehen sicherlich deutliche Unterschiede hinsichtlich der Gründe, sich auf die beschwerliche Reise zu einem mehrere Monate Fußwanderung entfernten Ort zu begeben.

Heutige Reisemöglichkeiten mit den öffentlichen Verkehrsmitteln lassen eine Aufteilung der Strecke in kleine Abschnitte zu, die im Rahmen eines Kurzurlaubs »abgewandert« werden können. So bietet dieser Führer verschiedene Jakobswege an, auf denen gewandert werden kann, ohne, wie es für den mittelalterlichen Pilger verpflichtend war, sein Haus zu richten und ein Testament zu machen. Bus- und Bahnverbindungen ermöglichen stets eine fristgerechte Rückkehr zum Ausgangsort. Dort, wo es notwendig erschien, wird auf Hotels und Restaurants hingewiesen. Auf Streckenabschnitten, wo ein großes Angebot dieser »Versorgungseinrichtungen« existiert, wurde auf eine besondere Erwähnung verzichtet. Weitere ergänzende Informationen und Tipps bieten die lokalen Tourismusbüros der Gemeinden an.

Die meisten Wege sind auch für Radwanderer geeignet.

Weitere Informationen zu Jakobswegen sind im Internet zu finden unter: www.europa-zentrum.de

Vorwort

Von Michael Bosch, Europa Zentrum Baden-Württemberg

arum war das Interesse ausgerechnet des Europa Zentrums Baden-Württemberg an diesem Wander- und Pilgerführer auf den Jakobswegen so ausgeprägt, dass es sich dazu entschloss, ein mehrjähriges Projekt daraus zu machen? Gut vier Jahre jedenfalls hat in seinem Auftrag Wolfgang W. Meyer die Jakobswege im deutschen Südwesten erkundet und ausgezeichnet, mit Wegweisern und erläuternden Tafeln versehen.

Das Europa Zentrum Baden-Württemberg ist entsprechend seiner Satzung und seinem Selbstverständnis seit Mitte der Siebzigerjahre damit beschäftigt, vor dem Hintergrund der deutschen Geschichte das europäische Einigungswerk kritisch zu begleiten und voranzubringen. Vorrangiges Ziel ist dabei der Abbau von Vorurteilen im Interesse der Schaffung einer friedlichen Bürgergesellschaft, in der Konflikte auf der Basis gemeinsamen Rechts und gemeinsamen Willens abgebaut oder gar vermieden werden. Zumindest die europäische Völkergemeinschaft soll dergestalt aus ihrer Geschichte lernen. Spätestens seit der famosen Rede Robert Schumans am 9. Mai 1950 (dem heutigen Europatag) versuchten dies die Staaten und Nationen (West-)Europas gemeinsam. Sie tun dies mit großem Erfolg. Das Einigungswerk schreitet gleichsam unaufhaltsam voran, wird dafür immer komplexer und unübersichtlicher. Seine spezifische Dynamik hat zudem dazu geführt, dass der wirtschaftliche Erfolg des Europäischen Binnenmarktes zu einer Verengung des Blicks auf vornehmlich materielle Aspekte von ökonomischem Interesse geführt hat. Entsprechend einspurig wird auch die Diskussion in der breiteren Öffentlichkeit geführt, und zwar nicht nur in den in späteren Runden beigetretenen Staaten der Gemeinschaft. Demgegenüber versucht das Europa Zentrum in seiner Eigenschaft als Institut und Akademie für Europafragen in Baden-Württemberg einen umfassenden, politischen Begriff »Europas« zu pflegen. Inzwischen und schon längst umfasst der Begriff neben den ökonomischen Aspekten alle gängigen Politikbereiche wie die der Umwelt, des Sozialen, der Minderheiten. Außen- und Sicherheitspolitik, Innen- und Rechtspolitik werden heute als immer schmerzlicher empfundene Desiderate der Europäischen Union diskutiert. Und bis auf die Tage des »Vaters Europas«, Jean Monnets, geht die Forderung zurück, die Kultur als eigenständiges, verbindendes Moment des Kontinents zu verstehen und zu nutzen. Das Europa Zentrum hatte von Anfang an dies als Auftrag verstanden. Es wollte dabei behilflich sein, Europa in seiner ganzen Vielfalt zu erschließen. Das Potential dieses einzigartig vielfältigen Kontinents soll und muss genutzt werden.

Diese Vielfalt hat notwendigerweise ihre Grenzen – nach innen und nach außen. Wie können diese überwunden werden – ohne die beschworene Vielfalt zu gefährden? Sprachenpolitik ist bekanntlich ein Versuch dazu. Wie viel Harmonisierung im Sinne von Vereinheitlichung ist möglich, ist notwendig, ist wünschenswert? Wenn wir Europa im Interesse der Friedens- und Wohlstandsgemeinschaft einigen wollen, dann müssen wir diese vielfältigen Grenzen überwinden. Andererseits: Die gewandelten und sich permanent wandelnden Einstellungen der modernen Gesellschaft zu öffentlichen Prozessen verlangen nach der Reaktion der politischen Bildner. Das Europa Zentrum befindet sich folglich auch in ständiger Herausforderung auf der Suche nach neuen Methoden politischen und sozialen Lernens. Solange die Beschäftigung mit Europa nicht als existentiell empfunden wird, sollten diese Methoden als zwanglose empfunden werden.

Damit sind wir bei der Beantwortung unserer eingangs gestellten Frage nach dem Interesse des Europa Zentrums Baden-Württemberg an einer Publikation zu den Jakobswegen. Die Suche nach der kulturellen Dimension Europas führte uns zur Suche nach dessen Wurzeln. Einer dieser historischen Stränge reicht tief in das Mittelalter zurück, als ein Bewusstsein von der Besonderheit des Kontinents im Zusammenhang mit dem »christlichen Abendland« entstand. Ganz modern ist dagegen das Anliegen der Kommission der Europäischen Union, grenzüberschreitende Kontakte zu fördern, anzustoßen, zu ermöglichen. Deshalb auch die nachhaltige Förderung unseres Projekts durch INTEREG.

Die tausendjährige Pilgerfahrt zum nordspanischen Santiago de Compostela ist eine solche gemeinsame Wurzel unseres Kontinents. Wurden doch schon im Mittelalter viele Grenzen überwunden, territoriale, fiskalische, politische, sprachliche, mentalitätsbezogene Grenzen. Glücklicherweise sind diese spinnennetzförmigen Jakobswege, die den ganzen Kontinent überziehen, in den letzten Jahren vielerorts neu entdeckt und wieder belebt worden. Sie wurden zweifellos zu den beliebtesten Pilgerwegen Europas. In den direkten Nachbarländern Baden-Württembergs, in der Schweiz und in Frankreich, setzte früh eine engagierte Erkundung, Erforschung und Kennzeichnung der Jakobswege ein. Da lag es nahe, entsprechend der Intention der EU-Kommission die Kennzeichnung der wissenschaftlich bereits gut erforschten Wege zum heiligen Jakobus auch in den grenznahen Regionen östlich des Rheins vorzunehmen. Eine sichtbare kulturelle Brücke zu den westlichen Nachbarn war damit geschlagen. »Europapädagogisch« von großem Reiz ist dabei die Chance, diese völkerverbindende Idee grenzüberschreitenden Pilgerns und Wanderns gerade einer hochsäkularisierten breiteren Öffentlichkeit nahe zu bringen. Haben wir hier doch geradezu einen europapolitischen »Lehrpfad« vorliegen: Die Jakobswege sind mit einer reichen Tradition behaftet, sie sind gleichzeitig schöne und erholsame Spazierwege. Sie vermitteln auf spielerische, freizeitgemäße Art historisches Wissen. Sie regen durch Flur- und Gebäudenamen zu Aha-Erlebnissen an. Sie erscheinen uns eigenartig vertraut altmodisch. Sie lassen sich fast beliebig in Etappen einteilen und dadurch dem persönlichen Bedürfnis anpassen. Und sie machen – aller Erfahrung nach – Lust auf mehr.

Wieder einmal können wir feststellen: »Der Weg ist das Ziel«. Die Jakobswege laden zur Besinnung auf das Wesentliche ein – in der Nachbarschaft auf dem sonntäglichen Spaziergang oder aber auf der großen Pilgerwanderung ins ferne Santiago. So werden Grenzen, Regionen, Nationen im Interesse der Verständigung, des Abbaus von Vorurteilen überwunden, jeder nach seinem Gusto als Spaziergänger, Wanderer oder Pilger – auf jeden Fall als Europäer.

Über Stock und Stein – Pilgerwege durch Europa

antiago de Compostela in Spanien zählte neben Jerusalem und Rom zu den großen Fernwallfahrtszielen der mittelalterlichen Christenheit. Im äußersten Nordwesten der iberischen Halbinsel gelegen, zog es in seiner Glanzzeit jährlich Zehntausende oder gar Hunderttausende von Pilgern an, die am Grab des Apostels Jakobus zu beten wünschten.

Legendenbildung

Am Anfang stand die Legende: In Erfüllung des Missionsauftrages Jesu verkündete der Apostel Jakobus der Ältere in Spanien den Glauben. Später kehrte er nach Palästina zurück, wo er als erster der Apostel das Martyrium erlitt. Seine Jünger brachten den Leichnam aus Angst vor den Juden auf dem Seeweg nach Spanien und landeten in der Nähe der Küstenstadt Iria Flavia (heute El Padrón). Hier fand der Heilige seine letzte Ruhe. Das Grab geriet in Vergessenheit und wurde erst zu Beginn des 9. Jahrhunderts unter Bischof Theodomir († 841) auf einem Feld (»Compo«) durch den Hinweis eines leuchtenden Sterns (»stela«) wieder entdeckt. Santiago (Sankt Jakob) de Compostela hatte seinen Namen.

Schon 844 soll der Heilige den christlichen Heeren in der Schlacht von Clavijo zum Sieg über die Mauren verholfen haben. Im Laufe der Zeit wurde die Legende immer mehr ausgeschmückt und in ganz Europa verbreitet. Im mitteleuropäischen Raum stammt die älteste Aufzeichnung über den Apostel Jakobus aus dem Martyrolog des Notkers von Sankt Gallen von 896. Der Eintrag zum 25. Juli lautet: »Geburtstag des heiligen Apostels Jakobus, Sohn des Zebedäus, Bruder des Evangelisten Johannes. Dieser wurde auf Befehl des König Herodes in Jerusalem enthauptet, wie die Apostelgeschichte lehrt. Seine Gebeine wurden nach Spanien überführt und dort an der äußersten Grenze, nämlich beim britannischen Meer beigesetzt, darauf von den Leuten dort aufs höchste verehrt. Nicht ohne Verdienst, weil durch dessen psychische Anwesenheit und durch dessen Predigt und Wunder die dortigen Völker zum Glauben Christi bekehrt worden sein sollen. Zur Bekräftigung von deren Glauben soll auch der heilige Petrus versprochen haben, dorthin zu gehen.«

Ob der Apostel Jakobus in Spanien wirklich missioniert hat, lässt sich aus der Bibel oder altchristlichen Zeugnissen nicht belegen. Erste Hinweise darauf finden sich erst im »Breviarium Apostolorum« (Ende 6. Jahrhundert), das seit dem 7. Jahrhundert besonders in Galizien verbreitet war.

Gesicherte schriftliche Quellen zur Grabentdeckungslegende stammen aus dem 11. Jahrhundert. Datiert wird die Entdeckung auf das Jahr 813 unter Bischof Theodomir. Seit dem 9. Jahrhundert gab es einen zunächst lokalen, dann regionalen Jakobskult. Grabungen ergaben ein römisches Mausoleum aus dem 1./2. Jahrhundert, das bis ins 5. Jahrhundert als Grabstätte gedient hatte und Spuren frühchristlicher Begräbnisriten aufwies. Es ist durchaus wahrscheinlich, dass im 9. Jahrhundert zur Zeit Theodomirs ein Grab aus christlicher Frühzeit gefunden und als Grab des Apostels angesehen wurde.

»Legenden sind zuweilen einflussreicher als die Geschichte« schreibt Yve Bottineau. Im Motivationsgeflecht der Santiago-Pilgerfahrt verbinden sich Realität und Fiktion zu einer ganz eigenen Wahrheit. So stellt der so genannte »Pseudo-Turpin«, das vierte Buch des Liber Sancti Jacobi, Karl den Großen als Held der Christenheit, als Oberhaupt des abendländischen Imperiums, als einen unbesiegbaren Krieger und großen Staatsmann dar, dem der Apostel Jakobus im Traum erschienen ist und ihm die Bedeutung der Milchstraße enthüllt hat. Mit deren Hilfe sei es ihm gelungen, das Grab des Heiligen in Galizien ausfindig zu machen, es zu befreien, Spanien der islamischen Herrschaft zu entreißen und in die Gemeinschaft des abendländischen Christentums zurückzuführen.

Überregionale Bedeutung gewinnt die Jakobsverehrung und die entsprechende Pilgerfahrt ab dem 10. Jahrhundert. Der erste

*Silbernes
Wetterkreuz
mit Reliquien
des Apostels
Jakobus,
Hüfingen*

namentlich bekannte Pilger ist Bischof Godeschalk von Le Puy, der
951 Santiago de Compostela aufsucht. Im Hochmittelalter steht
die Stadt ranggleich neben den Pilgerzentren Rom und Jerusalem.
Jakobus »Matamoros«, der Maurentöter, wird zur spirituellen Sym-
bolfigur der Reconquista, der Rückeroberung des islamischen Spaniens durch die Christen, die sich bald auch mit der Kreuzzugs-

bewegung verbindet. Die wachsende Mobilität der Gesellschaft ab dem 11. Jahrhundert, die Reliquienverehrung und der Wunderglaube des mittelalterlichen Menschen führen zu einem enormen Anwachsen der Pilgerströme vor allem aus Frankreich, Deutschland und auch England. Gerade Frankreich hat das größte Kontingent der Pilger gestellt. Der spanische Abschnitt des Pilgerwegs trägt deshalb bald den Namen »camino frances«.

Einer der Belege, die einen Eindruck vermitteln von der stattlichen Anzahl der Pilger, die an das Grab des Heiligen reisten, stammt von dem mohammedanischen Almoraviden-Emir Ali Ben Yusuf (1106–1143). Er sandte im Jahr 1121 Boten aus dem südlichen Spanien zur christlichen Königin Uracca. In Navarra sahen diese mit großem Erstaunen Massen christlicher Pilger, die nach Santiago de Compostela unterwegs waren und die Wege verstopften. Als sie nachfragten, zeigte sich, dass die Pilger von jenseits und diesseits der Pyrenäen gekommen waren, um an das Grab des heiligen Jakobus zu pilgern.

Zur Entstehung des Jakobskultes

Die Frage nach der Kultentstehung ist nicht vollkommen schlüssig zu beantworten. Geht man davon aus, dass die Kunde von einer Missiontätigkeit des Apostels im 9. Jahrhundert dazu geführt hat, bei Compostela nach dem erwähnten Marmorgrab zu suchen, ein Grab entdeckt und die Knochenreste mit dem Leichnam des Apostels gleichgesetzt wurden, bleibt doch die Frage, warum im Spanien des 8./9. Jahrhunderts das plötzliche Interesse an dem Heiligen aufkam. Dazu ist ein Blick in die Geschichte erforderlich: 711 erlag in der Schlacht am Guadalete das westgotische Reich dem Ansturm der Mauren. Nur in den Gebirgsgegenden des nördlichen Asturien und in Galizien konnten sich die Christen behaupten. Das Königreich Asturien entwickelte sich seit der Zeit des Königs Alfons II. (791–842) zum Hort der hispanischen Tradition. Allmählich prägte sich bei den Asturiern im Abwehrkampf gegen den Islam ein Sendungsbewusstsein aus, das der Rettung der christlichen Kirche und der Wiedererrichtung ihrer Herrschaft auf der gesamten iberischen Halbinsel galt. Ab der zweiten Hälfte des 11. Jahrhunderts wurde den Reconquistakämpfern der gleiche Ablass wie den Jerusalemfahrern zugesagt. So rückte die Reconquista in die Nähe der Kreuzzüge zur Befreiung des Heiligen Grabes.

Pilgerwege

Unzählige Menschen ergriffen den Pilgerstab: Arme und Reiche, Kleriker wie Bauern, Könige ebenso wie Gelehrte, Männer, Frauen und Kinder. Stand, Herkunft und Bildung spielten keine Rolle. Wir können davon ausgehen, dass fast jedermann im Hoch- und Spätmittelalter, je nach Stand und Vermögen, mindestens einmal in seinem Leben eine Pilgerfahrt zu einem ferneren oder nahe gelegenen Heiligtum unternommen hat.

Der beschwerliche Weg, im übertragenen Sinne auch ein Labyrinth – im Sommer bei brütender Hitze, im Herbst und Frühjahr über vereiste Berge – war nicht nur durch Naturgewalten gefährdet, sondern auch durch Menschen, die vor Betrug und selbst vor Mord nicht zurückschreckten.

Die Bezeichnung Labyrinth wird auch für eine komplizierte geometrische Figur verwendet, die einem als symbolisches Motiv häufig auf den Böden gotischer Kathedralen wie beispielsweise in den Kirchen von Amiens und Chartres begegnet und den strapaziösen Weg der christlichen Pilger zur Erlösung symbolisieren soll.

Die Wallfahrt nach Santiago erforderte also ein Höchstmaß an Disziplin und Askese, an Mut und Ausdauer und vor allem an Bußbereitschaft und Glaubensfestigkeit. Denn der Mensch des Mittelalters war in einem Ausmaß von der Religion geprägt, das uns heute weitgehend fremd ist. Andererseits soll aber auch nicht verschwiegen werden, dass oft Gründe wie Abenteuerlust und Flucht vor Strafverfolgung den Antrieb zur monatelangen Wanderung in die Fremde gaben. Aus ganz Europa kamen Pilger zum Ende der Welt, wie das nur noch 60 Kilometer westlich von Santiago gelegene Kap Finisterre schaudernd genannt wurde. Im strengen Sinne hat es einen wirklichen Jakobsweg erst hier in

Spanien gegeben: In Puente la Reina vereinigten sich nämlich die vier Hauptrouten, die durch Frankreich nach Überquerung der Pyrenäen dem entfernten Apostelgrab zustrebten. An den noch heute bedeutenden Städten Logrono, Burgos, Sahagún, León und Villafranca vorbei führte der Weg nach Santiago de Compostela.

Im fünften Buch des Liber Sancti Jacobi, das um 1140 von dem Mönch Aimery Picaud als Reisebeschreibung verfasst wurde (vgl. Europäische Wege der Santiago-Pilgerfahrt, hrsg. von Robert Plötz), sind die Hauptrouten beschrieben: die Via Turonensis von Tours über Poitiers und Bordeaux, die Via Lemoviscensis von Limoges, die Via Podiensis von Le Puy über Moissac und die Via Tolosana ab Toulouse. Die drei westlichen Wege vereinigten sich bei Ostabat, um über Saint-Jean-Pied-de-Port im Pass von Roncevalles die Pyrenäen zu queren. Der Weg von Arles über Toulouse führte weiter östlich über den Pass von Somport und dann über Jaca und Monreal nach Puente la Reina. Da tatsächlich Pilger aus ganz Europa zum Apostelgrab pilgerten, können die zuletzt genannten Orte in Frankreich nicht als Ausgangspunkte, sondern eher als Sammelpunkte für eine weiterhin beschwerliche Bußwanderung angesehen werden. Der östlichste bekannte europäische Ausgangspunkt für die Pilgerfahrt war Riga in Lettland. Die Gläubigen aus Köln und Aachen dürften die westliche Route bevorzugt haben, während man von Trier aus wohl über Vézelay oder Le Puy pilgerte.

Eine ganz besondere Rolle fiel dem deutschen Südwesten zu: Für die Territorien in der Mitte und im Osten des Reiches bildete er durch die Rheinschiene und die ausgebauten Handels- und Heerwege das Tor zu Frankreich und zur Schweiz. Die Pilger wanderten auf den Straßen und Wegen zwischen Schwarzwald und Schwäbischer Alb, vereint ab Rottweil und Villingen und weiter nach Konstanz, Schaffhausen oder Basel. Jene aus dem Osten folgten ab Ulm dem alten Heerweg bis zum Bodensee, nach Friedrichshafen, Meersburg und Überlingen, um von dort über den See nach Einsiedeln, einem bedeutsamen Heiligtum der Schweiz, zu gelangen. So kann man von insgesamt 8 000 Kilometer Straßen, Wegen und Pfaden ausgehen, auf denen das kollektive Bewusstsein Europas, die gemeinsame Erinnerung lebendig wird.

Spurensuche

Je weiter man vom Zielort Santiago entfernt ist, umso zahlreicher und gleichzeitig verschlungener sind die Jakobswege. Hier sind es nicht die hohen Dome, die den Pilgern die Richtung weisen. Wer den Zug der Wallfahrer verfolgen und rekonstruieren will, muss genauer hinschauen. Denn nun gilt es, Kirchen, Klöster, Kapellen, Stifte, Hospitäler und Herbergen zu entdecken, die in vielfacher Weise vom Jakobskult zeugen. Oft ist es die Muschel, die bisweilen nur verborgen angebracht ist, manchmal sind es Stein- und Schnitzfiguren, die den Heiligen mit Hut, Wanderstab, Wasserflasche und der unverzichtbaren Muschel zeigen. Auf Altar- und Tafelbildern finden sich Szenen aus dem Leben des Apostels oder aus Wundern, die Pilger auf ihrem schmerzensreichen Weg erfahren haben. Selbst andere Heilige traten im Gewand eines Jakobspilgers auf, wie zum Beispiel Rochus, obwohl er nur einmal nach Rom gepilgert war und Santiago de Compostela niemals gesehen hatte. In neuerer Zeit errichtete Statuen, Wegzeichen und Brunnen belegen eindrucksvoll die ungebrochene Tradition der Verehrung und die Identifizierung mit den Wesensmerkmalen des Jakobus. Ähnlich wie »Georgi« zählte »Jakobi« zu den volkstümlichen Märkten und Festen. Mit dem 25. Juli, dem Tag des Jakobus, wurde die Erntezeit eröffnet, für die bäuerliche Gesellschaft des Mittelalters ein bedeutendes Ereignis.

Die Jakobsmuschel als Pilgerzeichen

Das Zeichen der Santiago-Pilger war die Jakobsmuschel. Sie war nicht nur Pilgerabzeichen, sondern sie hatte auch eine magische Wirkung. Sie heilte Kranke und brachte Glück; eine wahre Jakobsmuschel kaufte man entweder in Santiago oder bei einer der Heiligenstätten am Jakobsweg.

Yve Bottineau schreibt: »Pilgern besteht im Mittelalter darin, sich aufzumachen, um Reliquien und insbesondere einen heiligen Leichnam zu verehren. Man begab sich zum Grab eines Märtyrers, eines Apostels oder sogar Christi.« Seit dem 4. Jahrhundert wurden

*Pilgerattribute:
Stock, Muschel
und Kalebasse
oder Wasser-
flasche
(zu sehen
in der
Jakobskirche in
Meckenbeuren-
Brochenzell)*

den Reliquien von Heiligen Wunderkräfte zugeschrieben. Pilgerabzeichen traten ab der zweiten Hälfte des 12. Jahrhunderts und
somit in der ersten Blütezeit der Jakobswallfahrt auf. Bis zum
14. Jahrhundert waren es plakettenartige Flachgüsse aus leichtflüs-
sigen Legierungen; oft aus Zinn und Blei oder Pechkohle, die in
der Nähe von Santiago abgebaut wurden.

Der Ursprung dieser Jakobsmuschel findet sich in einer Legende. Es wird berichtet, dass ein Ritter zu Pferd in der Nähe von El
Padròn an der Anlegestelle jenes Schiffes stand, welches Jakobus
nach Spanien brachte. Als das Pferd den wundersamen und hellen
Schein sah, der von einem Stern herab auf den Apostel fiel, war

es von dem Anblick so verstört, dass es in das Wasser sprang und den Ritter mit sich in die Tiefe riss. Der Ritter wurde gerettet und an Bord gezogen. Die Retter sahen voller Staunen, dass sein Körper mit Muscheln bedeckt war. Es existieren noch weitere Legenden, die sich um die »Jakobsmuschel« ranken. Alle besitzen im Wesentlichen das gleiche Muster einer Geschichte, eines durch Jakobus wundersam geretteten Menschen.

Die Jakobsmuschel wurde von den Pilgern nicht selbst aus dem Meer geholt. Andenkenhändler boten sie in Santiago an. Die Pilgerabzeichen wurden auf Umhänge, Hüte und Geldkatzen genäht. Mit diesen Erinnerungsstücken ließen sich die Pilger nach ihrem Tod begraben. Ausgrabungen auf Friedhöfen brachten in vielen Teilen Europas Jakobsmuscheln zutage, was beweist, wie weit die Pilgerfahrt nach Santiago verbreitet war.

Zum Rechtsschutz des Pilgers

Im Recht des Mittelalters war der Pilger als Fremder aus seinem heimischen Rechtsverband herausgelöst und bedurfte, wie andere Reisende auch, des besonderen kirchlichen Schutzes. Die kirchlichen Bemühungen zum Schutz der Pilger sind alt, aber sie werden ab der Jahrtausendwende intensiviert. Unter Papst Nikolaus II. formuliert eine römische Synode 1059 den Pilgerschutz als päpstliches Recht. 1123 werden bei Strafe der Exkommunikation Leib und Gut des Pilgers unter kirchlichen Schutz gestellt. Bereits um die Mitte des 12. Jahrhunderts gibt es auch im weltlichen Bereich ein geradezu international anerkanntes Pilgerrecht. Die Pilger waren teilweise von Zöllen befreit, Steuern und Schulden konnten für die Zeit der Abwesenheit gestundet werden. Auch das spanische Recht des 13. Jahrhunderts bekräftigt immer wieder den allgemeinen Pilgerschutz und bestätigt den Pilgern die einjährige Aufbewahrung ihrer Habe, falls sie unterwegs ohne Testament stürben. Gleichermaßen drohen Gastwirten hohe Strafen für falsche Maße und betrügerisches Anlocken der Pilger. Zusätzlich existieren in vielen Orten lokale Stadtrechte, die den Pilgerschutz noch weiter konkretisieren.

*Schon im 11. Jahrhundert wurden entlang der Pilgerstraßen
zahlreiche Hospize gegründet. Im Bild: Der Gasthof »Zur Kapelle«
bei der Jakobuskapelle in Nonnenhorn.*

Trotz der vielfältigen Bemühungen um Schutz und Rechtssi-
cherheit blieb der Pilger auf seinem Weg durch die Fremde stets
gefährdet. In dem berühmten Pilgerführer aus dem 12. Jahrhundert, dem »Liber Sancti Jacobi« beziehungsweise »Codex Calixtinus«, wird ausführlich über betrügerische Wirte, räuberische Kleriker, unehrliche Geldwechsler, ungerechte Zöllner, Straßenräuber
und Wegelagerer berichtet. So gebe es auf den Pilgerwegen nach
Vézelay, Santiago, Rom und St. Gilles falsche Priester in Menge,
die Pilgern die Beichte abnähmen und ihnen dann als Buße auf-
erlegten, zwanzig Messen lesen zu lassen. Dass die bußwilligen
Pilger den angeblichen Beichtvater für das Lesen der Messen
bezahlten und so von ihm geprellt wurden, braucht kaum weiter
betont zu werden.

Versorgung der Pilger

Ein solcher »Massentourismus« bedurfte einer eigenen Infrastruktur. Die alte christlich-abendländische Tradition der Gastfreundschaft sah sich neuen Herausforderungen und entsprechenden Wandlungszwängen ausgesetzt.

Die stetige Zunahme der Pilgerzahl und die wachsende Mobilität im Hochmittelalter machten neue organisatorische Anstrengungen nötig. War die Beherbergung zunächst Sache der Klöster und nächtigten die Pilger oft auch in Kirchen oder deren Vorhallen, so zeichnete sich um die Wende vom 10. zum 11. Jahrhundert eine erste Gründungswelle von Hospitälern und Hospizen ab, die zumeist Klöstern zugeordnet waren. Entlang der Pilger- und Handelsstraßen nach Italien und Spanien wuchs die Anzahl dieser Einrichtungen beständig. Im 13. und 14. Jahrhundert waren fast alle Städte in Europa mit solchen Häusern ausgestattet.

Die Gastfreundschaft für Fremde und Pilger hat biblische Wurzeln. Immer wieder wird die Ermahnung zitiert: »Vergesst die Gastfreundschaft nicht; denn durch sie haben einige, ohne es zu merken, Engel beherbergt.«

Die Benediktsregel ordnet an: »Alle Gäste, die zum Kloster kommen, werden wie Christus aufgenommen; denn er wird einst sprechen: Ich war fremd, und ihr habt mich beherbergt. Allen erweise man die ihnen gebührende Ehre, besonders den Glaubensgenossen und den Pilgern.«

Niedergang des Jakobskultes

Von Peter Kirchmann

Der Höhepunkt der Jakobspilgerfahrt war vom 12. bis zum 14. Jahrhundert. Erste Krisenzeichen zeigten sich im 15. Jahrhundert. Humanismus und Reformation haben dann weiter zum Rückgang beigetragen. Gerade die Reformation schmälerte den Strom der deutschen Pilger erheblich. Die Protestanten kritisierten den Legenden- und Reliquienglauben der Pilger und hielten sich an Martin Luthers Rat, lieber daheim zu bleiben, als einen so mühsamen Marsch auf sich zu nehmen.

»Da haben wir nu nichts gewiss von dem:
etlich sagen, er lieg in Frankreich zu Thalosa,
aber sie seind ihrer Sach auch nit gewiß.
Darumb laß man sie liegen und lauf nit dahin,
denn man weiß nit, ob Sant Jakob oder ein toter Hund
oder ein tots Roß da liegt ...«

Der Bruch Heinrichs VII. von England mit Rom stoppte die Wallfahrtslust der Angelsachsen. Die Zahl derer nahm zu, die an der Echtheit des Jakobsgrabes zweifelten. Der englische Arzt Andrew Boorde beispielsweise pilgerte zwar noch im 16. Jahrhundert dorthin, verlor aber seinen bereits schwankenden Glauben vollends, als ihm ein Kleriker in der Kathedrale sagte, dass man weder »ein Ohrläppchen noch ein Knöchelchen des Heiligen« besitze. Die Spanier selbst befürchteten ein Überschwappen des Reformationsgedankens auf ihren Camino. Deshalb wurden die Pilger an den Grenzübergängen Kontrollen der Inquisition unterworfen. Sie wurden bespitzelt, verhört und durchsucht. Auch Ludwig XIV. verbot seinen Untertanen unter Androhung lebenslänglicher Galeerenstrafe, nach Santiago zu gehen. Gesetzesbrecher wurden in Frankreich auch »coquillards« genannt – coquille bedeutet Muschel. Kaiserin Maria Theresia versuchte ebenso wie viele andere adlige Herrschaften, die Jakobspilger auf regionale Wallfahrtsorte umzuleiten.

In Spanien selbst war ebenfalls ein religiöser Wandel eingetreten. Mit der Eroberung Granadas, der letzten maurischen Bastion, 1492, waren alle in Jakobus gesetzten Erwartungen erfüllt. Bald schon wandten sich die Spanier mehr der Mystikerin Teresa von Avila (1515–1582) zu. Mit Mühe konnten die Jakobisten verhindern, dass der Apostel Jakobus als Schutzpatron Spaniens von Teresa verdrängt wurde.

Indes ging Jakobus selbst auf die Reise. Zeitgleich mit der Eroberung des letzten maurischen Königreiches auf der iberischen Halbinsel entdeckte Christoph Columbus Amerika. Unter Karl V.

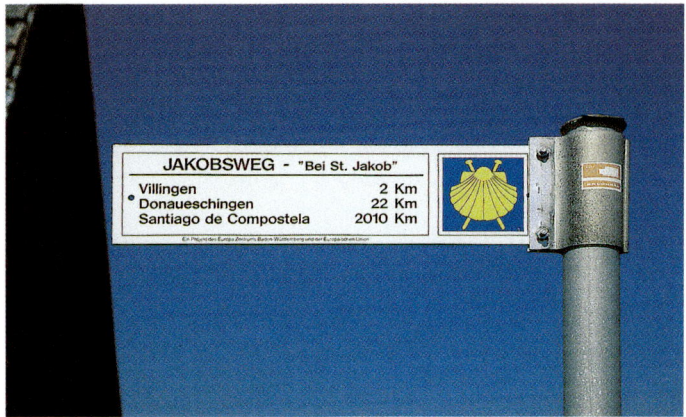

Noch 2010 Kilometer bis Santiago de Compostela: Moderne Beschilderung des Jakobsweges bei Villingen-Schwenningen, angebracht vom Europa Zentrum Baden-Württemberg.

(Carlos I. de España) begann die Epoche der Habsburger in Spanien und auch die Wanderung des Apostels rund um den Erdball. Überall, wo es unter spanischer Herrschaft galt, das Christentum mit dem Schwert zu verkünden, erschallte der Schlachtruf »Santiago ultraea«, wie einst in Spanien, als Santiago Matamorus (der Maurentöter) dazu beitrug, die Mauren zu vertreiben.

Die Konquistadoren bedienten sich weiter seines Namens bei der blutigen Christianisierung der Neuen Welt. In Chile, Kuba und in zahlreichen anderen Ländern Lateinamerikas entstanden ihm zu Ehren viele Ortschaften, die seinen Namen tragen: Santiago de Chile, Santiago de Cuba, Santiago de Estero, San Diego.

1589, ein Jahr nach dem Untergang der spanischen Armada, wurden die Reliquien aus Angst vor einer englischen Invasion unter Sir Francis Drake versteckt. Nachdem die Gefahr gebannt war, kannte jedoch niemand mehr den Ort des Versteckes, man wusste nur noch um die Überlieferung, dass sich das Grab in der Krypta der Kathedrale von Santiago de Compostela befinde.

Eine einschneidende Zäsur stellte auch die Französische Revolution dar. Nach diesen gesellschaftlichen Umwälzungen waren die Pilgerfahrten fast gänzlich zum Erliegen gekommen. Erst in der zweiten Hälfte des 19. Jahrhunderts begann sich neues Leben um die Grabstätte des heiligen Jakob zu regen. 1879 wurden die Überreste der Reliquie in der Apsis hinter dem Hauptaltar wieder entdeckt. Papst Leo XIII. erklärte 1884 die Reliquien für echt.

Zuletzt setzte General Franco im Bürgerkrieg 1937 den fast schon vergessenen Kämpfer wieder in seine alten Rechte als Schützer Spaniens gegen die »gottlosen« Republikaner ein.

Jakobspilgern heute

Von Peter Kirchmann

Seit über tausend Jahren wandern Gläubige auf Pilgerpfaden zum Grabmal Jakobus des Älteren. Wer sich heute aufmacht, um über einen der uralten Pilgerwege nach Santiago zu kommen, wird das sicher nicht immer in jener bedingungslosen Frömmigkeit tun, die unsere Vorfahren dazu trieb, Gefahren und Entbehrungen jeglicher Art auf sich zu nehmen. Vielmehr sind es heute auch Kulturtouristen und die sportlich Ehrgeizigen, die mit guter Ausrüstung und ausgeprägtem Geschwindigkeitsrausch eher einen neuen Rekord aufstellen wollen, als sich dem zeitlosen Pilgern hinzugeben.

Das Jahr 1999 war ein Heiliges Jahr, da der Namenstag des Patrons auf einen Sonntag fiel. So spricht man von beinahe 13 Millionen Besuchern, wobei nur ein kleiner Teil von etwa 40 000 zu Fuß in Santiago de Compostela angekommen ist. Deshalb ist eine intensive Vorplanung notwendig geworden, ohne eine Buchung der Nachtquartiere geht es inzwischen nicht mehr. Aber es werden Unterkünfte für jeden Geschmack und jeden Geldbeutel angeboten. Die Infrastruktur entlang der Wege ist inzwischen verbessert worden, so dass Tagesetappen von manchmal bis zu 40 Kilometern nicht mehr eingeplant werden müssen. Der Jakobsweg hat offensichtlich zur Dynamisierung einer Region beigetragen, doch nicht immer nur im Guten. Inzwischen berichten Pilger über eine zunehmende Kriminalität auf den Wegen.

Der Jakobsweg im Herzen Baden-Württembergs

Von Winnenden nach Waldshut in elf Etappen

on Norden kamen die Jakobspilger über den fränkisch-schwäbischen Raum von Bamberg und Rothenburg ob der Tauber nach Winnenden. Von dort setzte sich ihr Weg in südwestlicher Richtung über Cannstatt und Esslingen fort. Weitere Stationen waren Tübingen, Hechingen, Balingen und Rottweil.

Allerdings: *Den* Jakobsweg gibt es nicht. Der im Folgenden beschriebene Weg wird in dieser Region der am meisten frequentierte gewesen sein. So stellen die Stationen bis nach Rottweil die Grundlage dar für eine historisch begründete spätere Kennzeichnung des Pilgerwegs.

Die bestehende Ausschilderung des Jakobsweges beginnt erst bei Nordstetten (Stand September 1999), wenige Kilometer nördlich von Villingen, wo einst eine Jakobskapelle stand. Eine weitere Auszeichnung der Wege von Norden her ist geplant. So wird der Pilgerwanderer in den kommenden Jahren immer mehr gekennzeichnete Wege finden.

Gesamtstrecke Winnenden bis Waldshut-Tiengen: 256 Kilometer

Karten: Wanderkarten 1 : 50 000 des Landesvermessungsamts Baden-Württemberg in Zusammenarbeit mit dem Schwäbischen Albverein, Blatt 14 und 17; Wanderkarte 1 : 35 000 des Landesvermessungsamts Baden-Württemberg (Naturparkkarte), Blatt 27; Wanderkarten 1 : 50 000 des Landesvermessungsamts Baden-Württemberg in Zusammenarbeit mit dem Schwarzwaldverein, Blatt 7 und 9

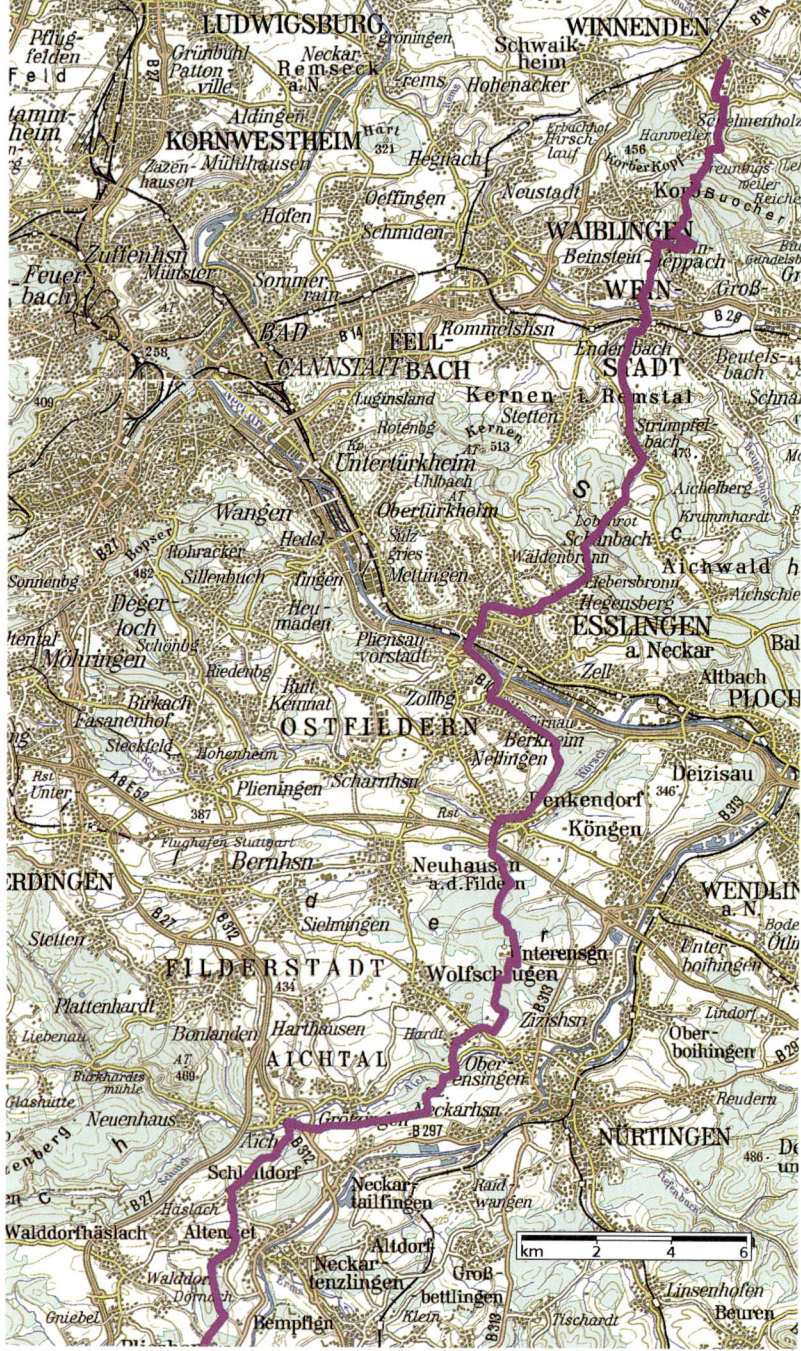

Erste Etappe: Winnenden – Esslingen am Neckar

In der Schlosskirche zu Winnenden steht einer der schönsten dem heiligen Jakobus geweihten Altäre, ein eindrucksvolles Zeugnis gotischer Kunst in höchster Blüte, »in dessen Figuren und Reliefs in einem für uns unvorstellbaren Maß dem spätmittelalterlichen Menschen« die Jakobswunder Wirklichkeit geworden sind. In der Mitte des Retabels thront auf einem breiten Podest ein Jakobus, der seine Hände segnend über zwei Jakobspilger breitet. Der Heilige ist mit seinen üblichen Attributen versehen: dem breitkrempigen, umgeschlagenen Pilgerhut mit Muschel, dem Pilgermantel und der Pilgertasche.

Wegstrecke:
Winnenden – Weinwanderweg Richtung Kleinheppach – Hohenzollernweg (Radweg) – Esslingen am Neckar

Länge:
20 Kilometer

Zeit:
6 Stunden

Informationen:
Stadtverwaltung Esslingen a. N., Telefon (07 11) 3 51 20

Diese Kleidungsstücke waren für das Wohlergehen eines Pilgers von außerordentlicher Bedeutung: Sie mussten jeder Witterung standhalten. Auch die über den Mantel gehängte Pilgertasche war ein unentbehrliches Utensil, denn in ihr verbarg sich die Büchse mit den wichtigen Pilgerpapieren. Es wird berichtet, dass sie von einem kirchlichen und einem weltlichen Amt beglaubigt sein mussten. In der Tasche waren auch die unterwegs zu signierenden Zertifikate, die zu Hause zeigten, dass der Pilger tatsächlich alle vorgeschriebenen Stätten aufgesucht hatte.

Auf den vier Reliefs der Altarflügel sind Szenen aus der Legende des Heiligen und seiner Pilger dargestellt: Die Predigt des Jakobus und die Verbrennung der Bücher des Zauberers Hermogenes, die Enthauptung des Heiligen und die Verschiffung des Leichnams nach Spanien, die deutschen Pilger in der Herberge des betrügerischen Wirts und ihre Abreise sowie das Galgen- und das Hühnerwunder.

Das Hühnerwunder

In Santo Domingo de Calzada in Nordspanien hat Jakobus einst einen frommen Pilger vor dem Tode bewahrt.

Der junge Mann war mit seinen Eltern vom Rheinland nach Santiago de Compostela unterwegs. In Santo Domingo de Calzada übernachteten die drei bei einem Wirt, dessen Tochter dem Jüngling schöne Augen machte. Doch der wies sie ab. Aus verletztem Stolz und aus Rache behauptete die Wirtstochter, der Pilger habe sie bestohlen. Die Falschaussage führte dazu, daß der Rheinländer zum Tod verurteilt wurde und man ihn an den Galgen brachte.

Die trauernden Eltern setzten ihre Pilgerfahrt fort, um in Santiago für ihren Sohn zu beten. Auf ihrem Rückweg, 36 Tage später, besuchten sie wieder die Hinrichtungsstätte und stellten mit Erstaunen fest, dass ihr Sohn noch am Leben war. Sankt Jakobus hatte ihn die ganze Zeit gestützt.

Daraufhin eilten sie zum Richter, um die Freilassung ihres Sohnes zu erreichen. Jener saß gerade hungrig an seinem Mittagstisch, wo unter anderem auch zwei gebratene Hühner auf ihren Verzehr warteten. Der von dem Pilgerpaar beim Essen gestörte Mann sprach, nachdem er ungläubig den Bericht der aufgeregten Eltern vernommen hatte, die Worte: »Wenn all dies so geschehen ist, dann müssten sich ja auch diese beiden gebratenen Hühner sofort erheben und davonfliegen.«

Vor den Augen der Beteiligten bekamen die Hühner wieder Federn, erhoben sich und flatterten davon. Der Richter hat sich für seinen Irrtum sicherlich sofort entschuldigt, den Pilgersohn aus seiner misslichen Lage befreit und die Wirtstochter einsperren lassen.

Diese Legende war im Mittelalter weit verbreitet. Man findet sie auf Abbildungen in vielen Kirchen und Kapellen. So zum Beispiel auch in der Schlosskirche in Winnenden und der Sankt-Jodok-Kirche in Überlingen.

Seit dem 13. Jahrhundert im Besitz des Deutschen Ritterordens, dessen Aufgabenbereich die Betreuung und Versorgung von Pilgern umfasste, war Winnenden sicherlich eine Station der Jakobspilger mit entsprechenden Einrichtungen auf dem Weg nach Santiago. Dass der Jakobskult hier auf einem breiten Fundament der Zustimmung ruhte, lässt sich auch an dem gegen Ende des 15. Jahrhunderts vorgenommen Patroziniumswechsel der Deutschordenskirche erkennen – von Peter und Paul zu Jakobus.

Wir beginnen in Winnenden mit dem Wanderweg des Schwäbischen Albvereins (roter gefüllter Kreis) und folgen ihm nach Hanweiler. Später geht es hinauf zum Heppacher Kopf. Nach einer scharfen Biegung nach rechts folgen wir dem Wanderweg (rotes Kreuz) nach Kleinheppach. Der Weg setzt sich fort durch Endersbach, Strümpfelbach, an Lobenrot vorbei, und nach 20 Kilometern und sechs Stunden sind wir in Esslingen am Neckar.

Die erste urkundliche Erwähnung Esslingens stammt aus dem Jahr 777. Abt Fulrad von Saint Denis verfügte, dass im Falle seines Ablebens die »Cella nomine Ezelinga« mit dem Leichnam des heiligen Vitalis dem merowingischen Hauskloster bei Paris zu vermachen sei. Um 800 erhielt Esslingen das Marktrecht, 1298 wurde Esslingen erstmals als Reichsstadt urkundlich erwähnt. 1418 bis 1443 schlossen sich Esslingen, Reutlingen, Weil der Stadt, Heilbronn, Wimpfen und Rottweil zur »Esslinger Einung« zusammen, einem Städtebund unter Esslingens Führung. 1531 nahm die Stadt den evangelischen Glauben an.

Die bekannteste unter Esslingens Kirchen ist die Frauenkirche, ein Meisterwerk der Spätgotik. Baubeginn war 1325. An der Außenseite der Kirche finden wir die zwölf Apostel. Jakobus wird hier, wie üblich, als Pilger dargestellt. In der Esslinger Region befand sich wohl eine Furt, an der die Pilger den Neckar überqueren konnten.

Weitere Hinweise auf Pilgerwege finden sich auf den Fildern: Im Ortskern von *Filderstadt-Bernhausen* steht die sehenswerte gotische Jakobuskirche, die 1475 vollendet wurde. Sie besitzt einen Turm aus der Zeit um 1300. Interessant ist vor allem die Kirchhofmauer, die mächtige mittelalterliche Buckelquader enthält. Sie war im Mittelalter eine Fluchtkirche. – Im *Sieben-Mühlen-Tal* soll sich eine ehemalige Pilgerherberge befunden haben.

*Steinskulptur
des heiligen
Jakob
(Figur links)
an der Esslinger
Frauenkirche*

Zweite Etappe: Esslingen – Tübingen

Von Esslingen aus folgen wir dem Hauptwanderweg Nr. 3 des
Schwäbischen Albvereins und kommen nach Tübingen. Wer mit
dem Fahrrad unterwegs ist, fährt von Esslingen aus auf dem Hohenzollernweg und erreicht die alte Universitätsstadt Tübingen
über Bebenhausen, dessen Klosteranlage und Jagdschloss sehenswert sind.

In Tübingen steht in der Unterstadt eine dem heiligen Jakobus
geweihte Kirche. Der im 12. Jahrhundert errichtete romanische

Bau erfuhr zwischen 1500 und 1520 eine gotische Erweiterung, insbesondere im Chorbereich. Deutlich ist am Kirchenschiff noch das aufgehende Mauerwerk des alten romanischen Baus zu erkennen. An der Außenfassade sind verschiedene Reliefs angebracht, darunter die Abbildung eines Hühnchens. Eine Anspielung auf das Hühnerwunder? Im Innern findet man über dem Taufbecken ein romanisches Steinrelief, das einen Pilger mit Stab abbildet. Zudem einen Schlussstein mit einer reliefartigen Abbildung des Jakobus.

Tübingen war im Mittelalter eine Pilgerstation. Die Jakobsbruderschaft, die Reisen organisierte und die Pilger vor Ort betreute, wird noch im 15. Jahrhundert genannt.

Wegstrecke zu Fuß: Esslingen a. N. – Tübingen

Alternativroute mit dem Fahrrad: Esslingen a. N. – Tübingen-Bebenhausen – Tübingen

Länge: 29 Kilometer

Zeit: $7^1/_2$ Stunden

Informationen: Verkehrsverein Tübingen, Telefon (0 70 71) 9 13 60

Dritte Etappe: Tübingen – Hechingen

Auf örtlich ausgeschilderten Wanderwegen geht es durch den Rammert weiter in Richtung Dettingen und Hemmendorf. Nach etwa vier Stunden und 16 zurückgelegten Kilometern erreichen wir Hirrlingen. Hier sollten wir bei der Kirche nach einem hohen Steinquader Ausschau zu halten, auf dem die Lebens- und Sterbedaten des Jakob Beyter aus Frommenhausen eingemeißelt sind. Der 1563 Verstorbene hatte als Jakobsbruder 1510 Santiago besucht. Damit ist dieser Grabstein eine der seltenen Spuren eines Pilgers aus dieser Region.

Der Weg setzt sich nun fort über Rangendingen und Hechingen-Stein, wo die Rekonstruktion eines römischen Gutshofes zu sehen ist. Auch hier müssen örtliche Wanderwege benutzt wer-

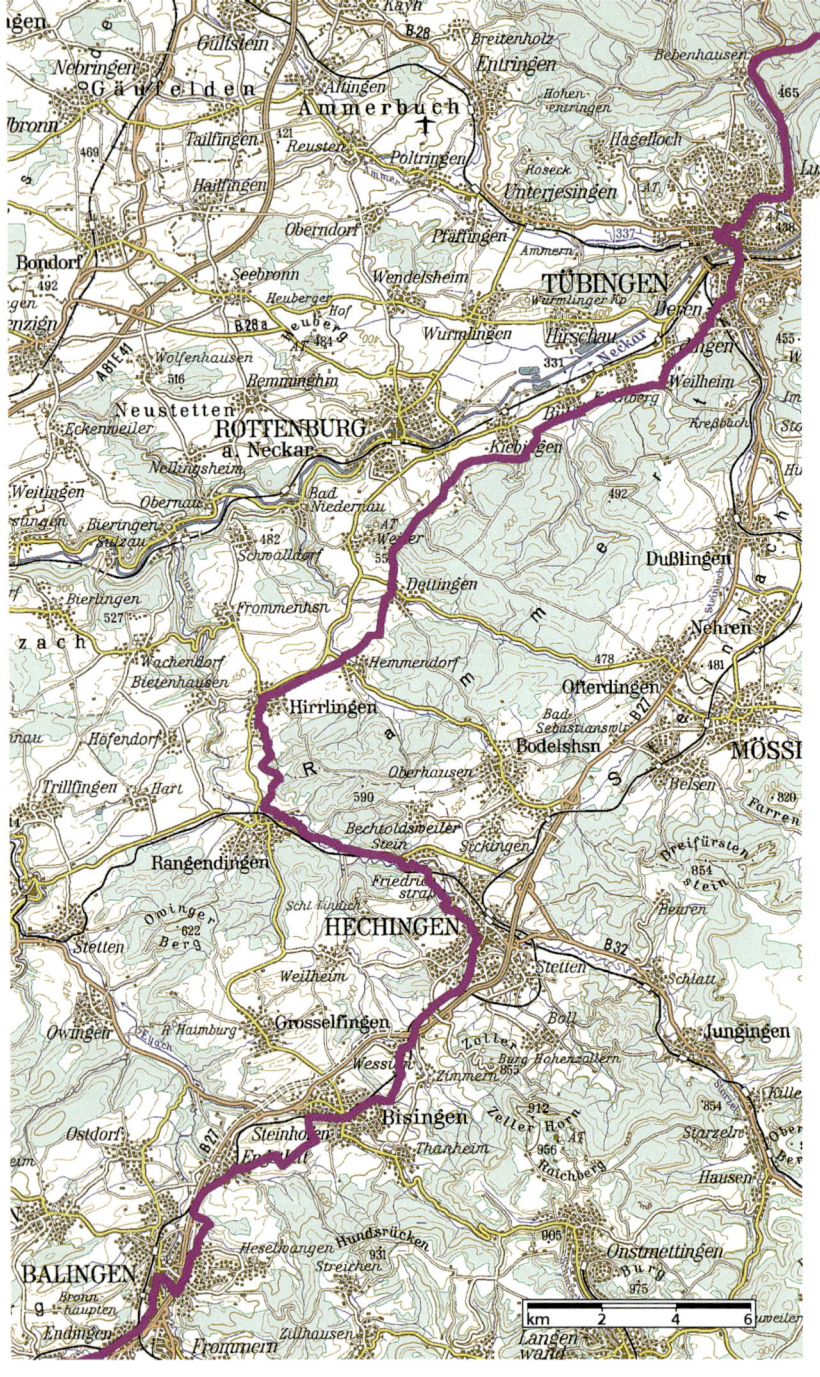

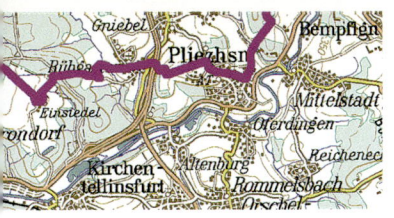

den. Nach zweieinhalb Stunden kommen wir in *Hechingen* an.

Die Jakobuskirche mag Ausdruck des Jakobskults in Hechingen sein, aber sie hat vermutlich keine Beziehung zu den Jakobspilgern. Einst stand hier eine gotische Kirche mit Friedhof, die zwischen 1472 und 1488 erbaut worden war. Graf Jos Niklas von Zollern legte hierzu den Grundstein. 1779 bis 1783 wurde die Kirche jedoch abgerissen und durch eine klassizistische Hallenkirche von Michel d'Ixnard, einem französischen Baumeister, ersetzt. Innen findet der Besucher eine schöne Statue und ein Wandbild des heiligen Jakobus.

In der Unterstadt befindet sich das ehemalige Kloster Sankt Luzen mit einer sehenswerten Kirche aus der Renaissancezeit. Möglicherweise diente das Kloster zusammen mit dem in der Nähe liegenden Spital den Jakobspilgern als Herberge.

Ein weiterer Pilgerweg verlief vermutlich durch das südöstlich verlaufende Killertal von Hechingen über Burladingen nach Sigmaringen. Ein wichtiger Beleg dafür ist die zwischen Bad Imnau, Horb, Hechingen und Burladingen verlaufende ehemalige römische Landstraße. Einige interessante Hinweise auf Jakobspilger lohnen einen kleinen Abstecher.

In den etwa sechs und neun Kilometern von Hechingen entfernten Orten *Jungingen* und *Burladingen-Killer* ist eine Jakobsbruderschaft nachweisbar. Sie wurde 1488 von Pfarrer Kaspar Schuler gegründet und war eine Gebets- und Totenge-

Wegstrecke:
Tübingen –
Hirrlingen –
Rangendingen – Hechingen-Stein – Hechingen

Länge:
28 Kilometer

Zeit:
$6^{1}/_{2}$ Stunden

Informationen:
Stadtverwaltung Hechingen,
Telefon (0 74 71) 94 00

denkbruderschaft. In der Kirche Mater Dolorosa in Killer ist oberhalb der Sitzreihen eine ganz ungewöhnliche Jakobusstatue angebracht. Ihre Entstehung lässt sich auf das Jahr 1510 zurückdatie-

Der Johanniter-Orden

Der Ritterliche Orden Sankt Johannis vom Spital zu Jerusalem ist der älteste geistliche Ritterorden. Die Anfänge liegen im Dunkeln. Nach den Quellen gründeten Kaufleute aus Amalfi zwischen 1048 und 1071 in Jerusalem ein Hospital für arme und kranke Pilger, das von einer Laienbruderschaft geleitet wurde. Unter Raimund von Puy (1120–1160) vollzog sich der Wandel von der Spitalbruderschaft zum geistlichen Ritterorden. Über die diakonischen Tätigkeiten hinaus übernahm er also auch militärische Aufgaben. 1206 wurden als nationale Zusammenschlüsse so genannte Zungen gebildet. Innerhalb dieser Zungen bestanden (Groß-)Priorate, die wiederum in Balleien und Kommenden unterteilt waren. Eine Ballei fasste mehrere Kommenden eines (Groß-)Priorats zusammen. Bis zum Ende des 18. Jahrhunderts blieb diese Organisationsstruktur im Wesentlichen unverändert. Der Johanniterorden lässt sich als erste »übernationale« Gemeinschaft Europas bezeichnen. Der heute rein evangelische Johanniterorden widmet sich vor allem Aufgaben der Diakonie.

Die Johanniter

Herrlich kleidet sie euch, des Kreuzes furchtbare Rüstung,
Wenn ihr, Löwen der Schlacht, Akkon und Rhodus beschützt,
Durch die syrische Wüste den bangen Pilgrim geleitet
Und mit der Cherubim Schwert steht vor dem heiligen Grab.
Aber ein schönerer Schmuck umgibt euch, die Schürze des
  Wärters,
Wenn ihr, Löwen der Schlacht, Söhne des edelsten Stamms,
Dient an des Kranken Bett, dem Lechzenden Labung bereitet
Und die niedrige Pflicht christlicher Milde vollbringt.
Religion des Kreuzes, nur du verknüpfest in einem
Kranze der Demuth und Kraft doppelte Palme zugleich!

Friedrich Schiller

ALS MAN ZALT 1 5 6 ?
IAR · VIE DEN · S · TAG MAY
STARB DER ERBB IACOB
BEYTER ? FRVMEN H VS
DEM GOT GNEDIG SEY ·

AN D E   1510
               OR EME
               S IACOB

*Grabstein
bei Hirrlingen*

ren. Außergewöhnlich daran ist ein Schlitz im Knie der Figur, durch den die Kirchenbesucher der örtlichen Jakobsbruderschaft eine Spende zukommen lassen konnten.

In *Burladingen-Starzeln,* wenige Kilometer weiter, bestand einst eine Niederlassung des Johanniterordens. Zu den selbst gewählten Aufgaben und Pflichten der Johanniter gehörten die Versorgung und Beherbergung von Pilgern durch das Spital. Burkhart von Jungingen hatte 1278 die Burg und den halben Ort dem Johanniterorden geschenkt. Heute finden sich von der Hofkirche und dem Spital keine sichtbaren Reste mehr. Nur im Ortswappen von Starzeln ist eine Spur dieses Ordens erhalten geblieben.

Einen weiteren Beleg des noch lebendigen Jakobskults finden wir in Gestalt eines Jakobsbrunnens mit Bildstock in Burladingen-Ringingen. Im November 1988 wurde der Bildstock geweiht. Fünf Ringinger mit dem Namen Jakob, eine Jakobine und zwei Angehörige von verstorbenen

Informationen:
Tourist-Info
Burladingen,
Telefon (0 74 75) 89 20

Jakobs schlossen sich zusammen, um den hölzernen Bildstock zu fertigen. Er soll an das schon 1530 erwähnte Sankt-Jakoben-Käppele auf der Staig und an den alten Pilgerweg, der zum Jakobsgrab nach Santiago führt, erinnern.

Vierte Etappe: Hechingen – Balingen

Bis Balingen folgen wir dem Rad-Wanderweg Baden-Württemberg: Hechingen wird in südwestlicher Richtung verlassen. Der Weg folgt einige Zeit der Bundesstraße, unterquert sie schließlich nach links.

Wegstrecke:
Hechingen –
Burg Hohenzollern
– Bisingen – Engstlatt –
Balingen

Länge:
20 Kilometer

Zeit:
5 Stunden

Informationen:
Stadtverwaltung
Balingen,
Telefon (0 74 33) 17 00

Die ganze Zeit haben wir die Burg Hohenzollern im Blick. Bei der Unterführung treffen wir auch den Wanderweg 3 des Schwäbischen Alb-vereins. Ihm sollte man folgen, wenn eine Besichtigung der Burg gewünscht wird. Dieser Wanderweg setzt sich entlang des Albtraufs fort, auf ihm erreicht man in etwa drei Tagesetappen Villingen.

Der direkte Weg nach Balingen wendet sich nach der Unterführung nach rechts, durchquert Wessingen, dann Bisingen und Engstlatt. Einige Zeit geht der Weg

Statue
des heiligen
Jakobus in der
Stadtpfarrkirche
Sankt Jakob
in Hechingen

nahe der Bahnlinie entlang, und wir erreichen nach 20 Kilometern und fünf Stunden *Balingen*.

Auffällig ist in Balingen das streng regelmäßige Straßengitter-
netz. Es entstand beim Wiederaufbau der beinahe vollständig
zerstörten Stadt nach dem Brand von 1809. Schon zwei frühere
Brände im 17. und 18. Jahrhundert hatten erhebliche Schäden
zur Folge gehabt.

Fünfte Etappe: Balingen – Rottweil

Auf örtlichen Wanderwegen kann der Weg über Balingen nach
Rottweil fortgesetzt werden. Weitere Stationen sind Endingen,

Erzingen und Schömberg. An warmen Tagen lädt in Schömberg ein Stausee zum Baden und Verweilen ein. Wir verlassen den Radwanderweg Baden-Württemberg, gehen weiter über Schörzingen nach Feckenhausen und erreichen nach 28 Kilometer und sieben Stunden Fußmarsch *Rottweil,* das als älteste Stadt Baden-Württembergs bezeichnet wird.

Die Wurzeln der Stadt reichen weit in die Vergangenheit zurück. Schon im Jahr 73 n. Chr. errichteten die Römer einen Militärstützpunkt im Bereich der Rottweiler Altstadt. Rottweil hatte immer enge Beziehungen zur Schweiz, war von 1463 bis zum Ende des Alten Reichs ein der Schweizer Eidgenossenschaft »zugewandter Ort«.

 Wegstrecke:
Balingen – Rottweil

 Länge:
28 Kilometer

 Zeit:
6$^{1}/_{2}$ Stunden

 Informationen:
Tourist-Information Rottweil,
Telefon (07 41) 49 42 80

Auf die Verehrung Jakobus des Älteren in Rottweil weist vor allem die Tatsache hin, dass dem Apostel im Heilig-Kreuz-Münster ein Altar geweiht ist. Er wurde bereits 1354 von der vermögenden Mechthild Steinin gestiftet. Mit dem Altar verbunden waren Pfründe für einen Kaplan, die noch für 1525 gesichert sind. Das Heilig-Kreuz-Münster ist eine als spätromanische Basilika begonnene Kirche und geht zurück bis ins 12. Jahrhundert. Im Innenraum befinden sich einige sehenswerte Darstellungen des heiligen Jakobus. Er ist im Pilgergewand auf einem der Schlusssteine zu sehen und steht – in Stein gemeißelt – auf einer Konsole des Südschiffes. Außerdem finden wir ihn noch im Petrus-Altar dargestellt.

In der Mittelstadt existierte einst die Frauenklause Sankt Jakob. Konrad an der Waldstraße verkaufte ihr 1307 ein Eigengut und zwei Zinsgüter, woraus sich folgern lässt, dass dieses Kloster nicht ganz arm gewesen sein kann.

Die Gründung fand vermutlich schon im 13. Jahrhundert statt. Ab 1438 standen die Frauen, damals lebten in der Klause sechs

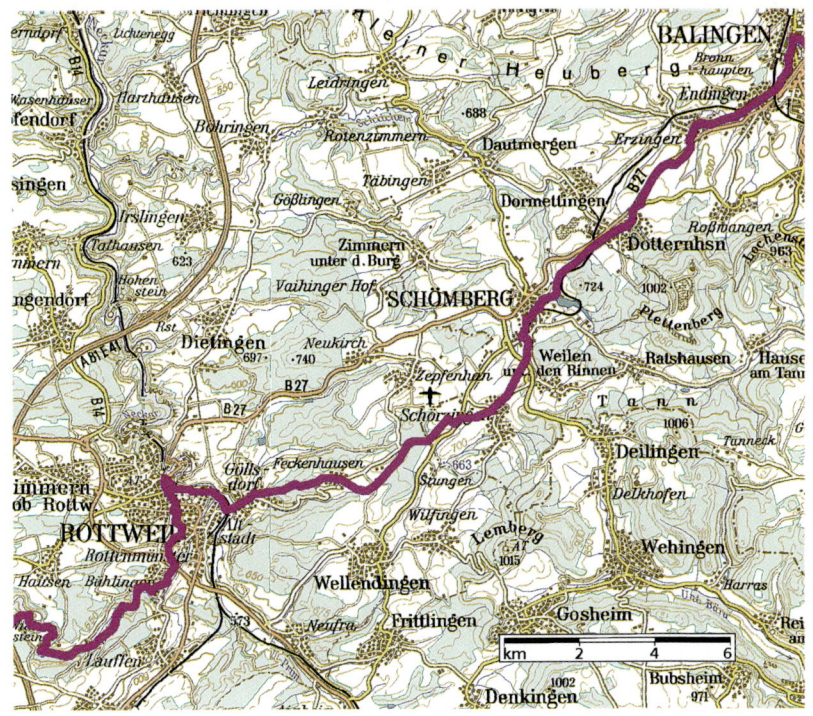

Schwestern, unter der disziplinarischen Aufsicht der Rottweiler Dominikaner. Der Bauernkrieg zwang die Schwestern 1525 zur Aufgabe des Klosters.

In Rottweil finden sich – nach der Zimmerschen Chronik – viele Belege für Pilgerreisen nach Santiago de Compostela. So ist Peter Letzkopf, Narr von Graf Johann Werner von Zimmern (1480–1548), vier Mal in Santiago gewesen, was er durch zahlreiche Pilgerzeichen nachweisen konnte. Mit ihm war auch ein Heinrich Klenger auf Strafpilgerfahrt unterwegs. Ein weiterer Strafpilger, der eine Anstiftung zum Mord zu sühnen hatte, war Ulrich Stüber. Von Gottfried Werner von Zimmern (1484–1554) ist bekannt, dass er einige seiner Untertanen zur Strafpilgerfahrt verurteilt hat. Die Kirche von Herrenzimmern ist bezeichnenderweise Jakobus geweiht.

Auch ein weiterer Bericht zeugt von der Anwesenheit der Jakobsbrüder in dieser Region: Im Jahre 1595, so schreibt Hedwig

Apostel an einem Altar des Rottweiler Heilig-Kreuz-Münsters

Röckelein, wurde ein zunächst wegen Viehdiebstahls in Rohrdorf zum Tode verurteilter Landfahrer von Graf Froben von Zimmern zu einer Sühnewallfahrt nach Rom oder »zu dem verrern s. Jacob« begnadigt. In Geisingen wurde er wieder rückfällig, stahl erneut ein Pferd und wurde in Engen deshalb endgültig zum Tode verurteilt.

Winfried Hecht, Archivar von Rottweil, berichtet noch von einem ganz besonderen Fall der Verehrung des Pilgerheiligen: Wilhelm von Bern ließ im 15. Jahrhundert seine vier Söhne auf die Namen Jakob, Hans Jakob, Freijakob und Eiteljakob taufen.

Sechste Etappe: Rottweil – Villingen-Schwenningen

Im einstigen Rottweiler Königshof trafen sich damals die großen Fernstraßen, die nach Straßburg wie auch an den Bodensee, nach Sankt Gallen und Einsiedeln führten.

Die folgende Wegstrecke ist nahezu vollständig als Pilgerweg ausgewiesen und mit Markierungen der Jakobsmuschel versehen. Unser Weg folgt dem Königshofweg und führt durch das Eschachtal nach *Sankt Jakob bei Nordstetten.* Hierher kamen von Norden die Pilger einmal über die »Lange Gaß« vom Schwarzwald, dem Gutach- und Kinzigtal und zum anderen aus Richtung Rottweil.

Hier, eine Tafel markiert den ehemaligen Standort, stand einst eine Kapelle, die den Heiligen Jakobus und Verena gewidmet war. In ihrer Blütezeit vom 13. bis 16. Jahrhundert erfuhr die Kapelle sehr großen Zulauf.

Was war dies nun für ein Kirchlein, das an einer Pilgerstraße gelegen, so viele Gläubige anzog und noch heute nicht ganz vergessen ist? Abbildungen sind auf der Rottweiler »Pürschgerichtskarte« von 1564 und der Karte des Villinger Pirschgerichtsbezirks von 1607 erhalten und zeigen eine kleine Kirche mit einer rundumlaufenden Mauer und einem gemauerten Brunnen. Bekannt ist, dass die Kapelle am 5. März 1342 einen päpstlichen Brief durch den Bischof von Konstanz unter Zufügung seines Konsenses erhielt. Darin wird ein Ablass von 40 Tagen jenen bewilligt, die beständig an den verschiedenen kirchlichen Festen teilnehmen, reumütig beichten, den Friedhof besuchen und der Kapelle auch einiges an Gold, Silber und »Gewandern« zukommen lassen.

Wegstrecke:
Rottweil – Königshofweg – Eschachtal – Sankt Jakob bei Nordstetten – Villingen

Länge:
22 Kilometer

Zeit:
5 1/2 Stunden

Informationen:
Tourist-Information Villingen-Schwenningen, Telefon (0 77 21) 1 94 33 oder 82 23 40

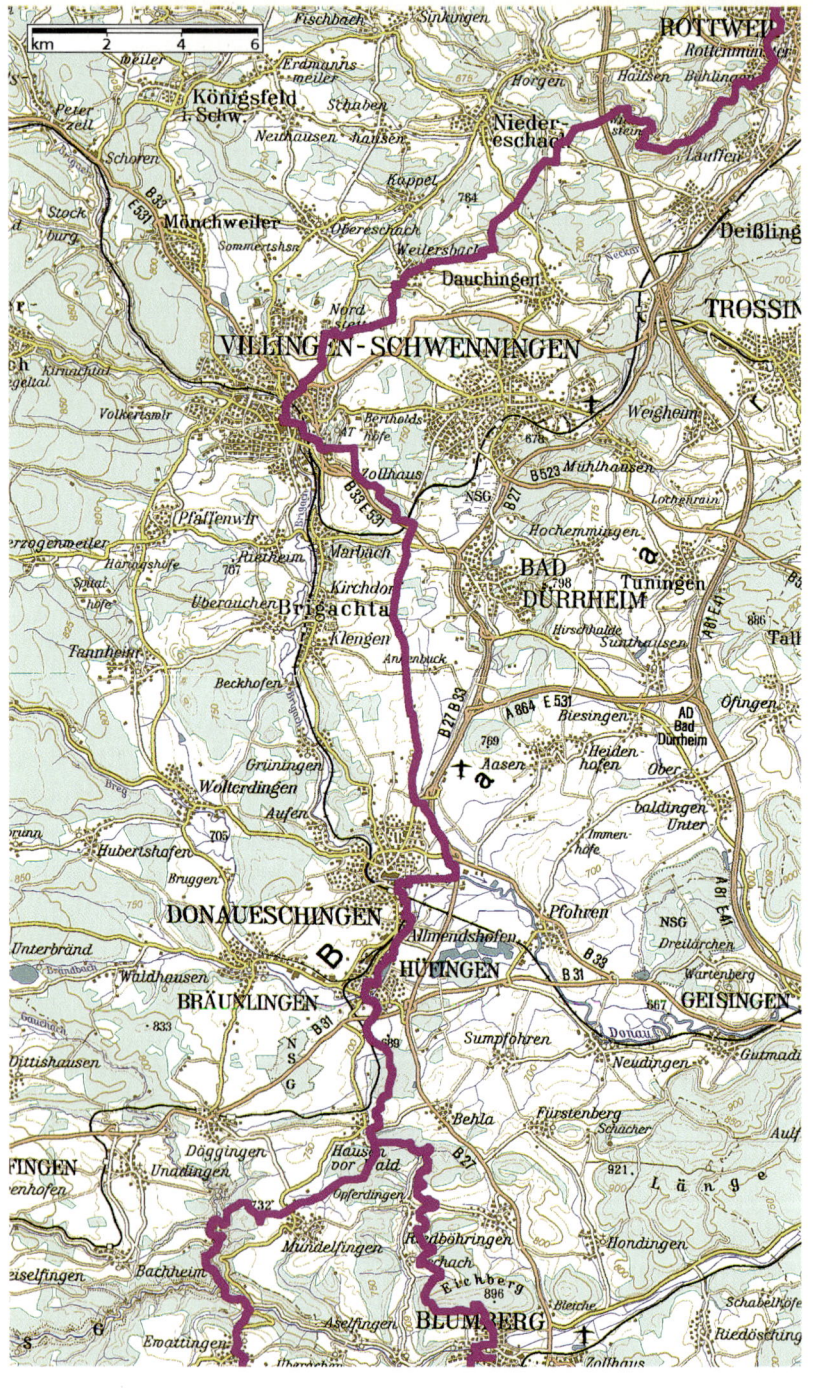

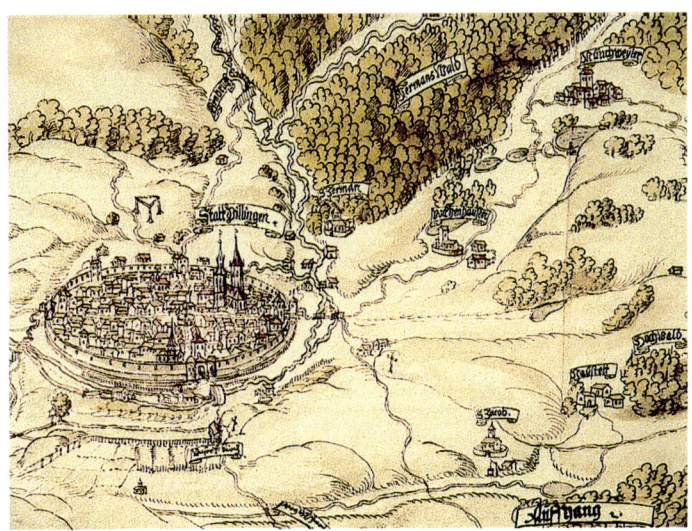

Ausschnitt aus der Villinger Pirschgerichtskarte von 1607.
Rechts unten sieht man die Kirche Sankt Jakob.

Die Grenzen des ansehnlichen Grundbesitzes hatte man damals mit Steinen markiert, die mit der Pilgermuschel gekennzeichnet waren. Der Dreißigjährige Krieg, der so viel zerstört hatte,
machte auch der Kapelle ein Ende. Lapidar heißt es in einem alten
Dokument von 1659: Die Kapelle soll nicht mehr erneuert werden, der Gottesdienst in das Münster verlegt werden, wo er »ohne
Ärgernuss wie oft ußer der Stadt fürgangen, celebriert werden
könnte.« Dankbar war man in Villingen auch über die auf der
Kapelle ruhende Stiftung von 2400 Gulden, also das »Vermögen«
an Geld und Grundbesitz, das den bedürftigen Münsterfonds
stärkte.

Eine Steinstatue mit der Darstellung einer so genannten »Pilgerkrönung« vom letzten Drittel des 13. Jahrhundert blieb erhalten
und fand erstmals einen Platz in der Altstadtkirche, von wo aus
sie später ins Villinger Münster gebracht wurde. Die so genannte
»Pilgerkrönung« – ein Pilgerpaar wird vom heiligen Jakob gekrönt
– lässt sich auf die Geschichte mit dem Hühnerwunder (siehe

Das Villinger Münster

Seite 28) zurückführen, die sich um das Jahr 1020 ereignet haben soll. Es existieren von der Geschichte mehrere Versionen. In ihrer Urfassung wird sie Papst Calixt II zugeschrieben und ist in dem »Codex Calixtinus« des 12. Jahrhunderts zu finden. Diese Legende war im Mittelalter weit verbreitet.

Ein Stück des Pilgerwegs, nämlich die nach der Kapelle benannte Jakobsgasse, blieb erhalten.

Heute finden wir nahe dem ehemaligen Standort von Sankt Jakob eine Viehtränke. Bei der Verlegung des Brunnens vor einigen Jahren waren bei den Grabungen noch hölzerne Wasserrohre, so genannte Deicheln, zum Vorschein gekommen.

Nach *Villingen* ist es nur eine halbe Stunde Weges. Die Stadt wird durch das Osttor betreten.

Villingen besitzt seit 1000 Jahren das Marktrecht. Aber schon im späten vierten Jahrhundert, in der Zeit der alemannischen Landnahme, wurde die Villinger Altstadt besiedelt. Seit dem späten elften Jahrhundert verlagerte sich die Siedlung allmählich in den Brigachbogen auf der anderen Flussseite. Erstmals schriftlich erwähnt wurde Villingen 817 in einer Urkunde Kaiser Ludwigs des Frommen, in der der Kaiser den Zins der Hufen des Witho und

Der heilige Jakobus und zwei Pilger, die so genannte »Pilgerkrönung«, im Villinger Münster

Heimo von Filingun dem Kloster Sankt Gallen schenkt. 1999 feierte die Zähringerstadt ein rundes Jubiläum. Denn im Jahre 999 erhielt Graf Berthold für den Ort Filingun von Kaiser Otto III. das Recht, einen öffentlichen Markt zu gründen, ihn mit eigenem Geld auszustatten, ferner Finanzzölle abzuschöpfen und die öffentliche Gewalt auszuüben. Um 1270 wurde das Heilig-Geist-Spital als Stiftung der Gräfin Agnes von Fürstenberg gegründet. Es diente der Versorgung von Kranken und Alten. Ein Ablassbrief von 1286 stellte die erste völlig sichere Nennung dar.

Nach wenigen Schritten, einmal nach rechts abgebogen, stehen wir vor dem Villinger Münster. Es ist Johannes dem Täufer

geweiht. Dort steht gleich am Eingang die schon erwähnte Steinstatue der »Pilgerkrönung«.

An einem Pfeiler der Kirche finden sich zwei Tafeln, die auf
eine Glocke hinweisen, die 1986 zu Ehren des Jakobus eingeweiht
wurde: Das Zusammenkommen der Völker am Grab des Jakobus
hat Jahrhunderte lang ihre Einheit im kulturellen und religiösen
Leben bestärkt. Das Läuten der Glocke soll nun der Zukunft
Europas gewidmet sein – einem Europa, in dem die Einheit und
der Frieden der Völker gefördert und erhalten werden.

Siebte Etappe: Villingen-Schwenningen – Hüfingen

Wir verlassen die Kirche nach links, passieren das Verkehrsamt,
das Stadttor und folgen den Wanderzeichen, die uns zuerst am
Landratsamt, dann an den Schulen vorbei und wenig später aus
der Stadt hinausführen. Nach etwa 6 Kilometern trifft der Weg auf
eine Römerstraße. Römerstraßen konnten wegen ihrer Pflasterung
viele Jahrhunderte überdauern und wurden deshalb bevorzugt
von Reisenden und Händlern genutzt. Auf geteerten Wegen, die
vom landwirtschaftlichen Verkehr genutzt werden und auch für
Radwanderer geeignet sind, erreichen wir nach 7,5 Kilometern
und etwa zwei Stunden Gehzeit den *Ziegelhof.* Der Weg führt nun
einige Zeit parallel zur Schnellstraße und trifft auf die noch schmale Donau, die sich gerade an dieser Stelle aus dem Zusammenfluss
von Brigach und Breg gebildet hat. Wir folgen der Brigach, überqueren sie und nach einer Biegung nach rechts durchqueren wir
die weitläufigen Gartenanlagen des Fürstlich-Fürstenbergischen
Parks und erreichen nach vier Kilometern und einer Stunde
Marsch *Donaueschingen.*

Donaueschingen kann, wie andere Städte und Gemeinden im
süddeutschen Raum auch, auf die Römer und Alemannen verwei-
sen. Bereits vor über 1100 Jahren wurde der Name der Stadt in
einer Königsurkunde erstmals erwähnt. Besondere Bedeutung er-
langte Donaueschingen 1723, als Fürst Josef Wilhelm Ernst zu
Fürstenberg seine Residenz von Stühlingen nach Donaueschingen
verlegte. Donaueschingen war damit »Hauptstadt« des Fürsten-
tums Fürstenberg geworden. Die Residenz erhielt ein barockes

Aussehen, eine höfisch-kulturelle Aura und wurde als Sitz des Fürstenbergischen Staatswesens auch zur wirtschaftlichen und kulturellen Metropole der Baar. Ein gewaltiger Bauboom begleitete diese Entwicklung: Durch Trockenlegung eines Sumpfgebietes entstand der fürstliche Park, im Ort wurden das Kavaliers-Palais, das Hoftheater, Wohnungen für Beamte und Diener, Pferdeställe, eine Hofbibliothek und das Archiv gebaut.

In Donaueschingen lädt die Pfarrkirche Sankt Johannes zum Verweilen ein. Von Manfred Hermann wird die von dem Prager Franz Maximilian Kanka geschaffene Kirche »als ein Fremdling« bezeichnet. Mit ihren beiden 1742 fertig gestellten Zwiebeltürmen passt die

 Wegstrecke:
Villingen – Römerstraße – Ziegelhof – Donaueschingen – Allmendshofen – Hüfingen

 Länge:
22 Kilometer

 Zeit:
5 Stunden

 Informationen:
Kultur- und Informationsamt Hüfingen, Telefon (07 71) 60 09 24

Donaueschinger Pfarrkirche eher nach Böhmen denn in den Südwesten Deutschlands. Aber eigentlich soll sie eher als Ausdruck der weitreichenden Beziehungen des Hauses Fürstenberg verstanden werden. Innen finden wir an der Ostseite des Kirchenschiffes eine Jakobus-Statue, die zwischen 1745 und 1749 von Johann Michael Winterhalter (1706–1759), dem bedeutendsten Rokokobildhauer des Schwarzwaldes, geschaffen wurde.

In der Nähe der Kirche, beim Schloss, findet sich eine weitere Donauquelle (für Donaueschinger *die* Donauquelle), die sich wenige hundert Meter weiter mit der Breg und der Brigach vereinigt.

Ein Besuch der Fürstenbergischen Sammlung (ganzjährig geöffnet: Dienstag bis Samstag 10–13 und 14–17 Uhr, Sonntag 10 bis 17 Uhr) lohnt sich.

Etwa 12 Kilometer westlich von Donaueschingen liegt die kleine Ortschaft Mistelbrunn. Dort wurden vor einigen Jahren bei Ausgrabungen Reste von Jakobsmuscheln gefunden. Muschelfunde gab es, wie bereits erwähnt, immer wieder auf Friedhöfen.

Zunftfahne einer Jakobsbruderschaft, Hüfingen

Ab Donaueschingen führt unser Weg zuerst am Bahnhof vorbei, dann über die Eisenbahnbrücke, und einige Schritte weiter
queren wir den östlich liegenden Festplatz. Dem Radweg entlang
erreichen wir in etwa zwanzig Minuten *Allmendshofen*.

Die Jakobskirche in Allmendshofen wurde 1721 errichtet, wobei der Turmes im 15. Jahrhundert datiert. Von außen wirkt die
Kirche sehr unauffällig. Im Innenraum finden wir eine hölzerne

Statue des Jakobus, welche die rechte Seite des Altars einnimmt. Auf der linken ruht Maria.

Entlang dem Flusslauf der Breg erreichen wir nach zwei Kilometern und 30 Minuten Gehzeit *Hüfingen*. Der Ort, von den Römern wurde er Brigobane genannt, liegt an einer damals wichtigen Heer- und Handelsstraße zwischen der Schweiz und Rottweil. Die Hüfinger Region wurde sehr früh besiedelt. Von der Anwesenheit der Römer zeugt die sehenswerte Ruine eines Bades.

In Hüfingen existieren zahlreiche Hinweise und Zeichen, die sich auf die Jakobspilger und den Jakobskult beziehen.

Die Pfarrei Hüfingen wurde urkundlich erstmals im Jahre 1183 erwähnt. Die Stadtpfarrkirche Sankt Verena und Gallus erfuhr wie die meisten Kirchenbauten verschiedene bauliche Veränderungen im Laufe der Zeit. Ein erster Hinweis auf einen Jakobusaltar findet sich im Zusammenhang mit der Einrichtung einer Stiftung für die Sankt-Georgs-Kaplanei im Jahre 1383. Eine Jakobus-Kaplanei wurde vermutlich schon 1283 gegründet, aber urkundlich erst 1422 in einer Zusammenstellung der Einnahmen und Ausgaben der »Sankt Jacobs-Pfruendt zu Hüffingen« erwähnt. An der Breg existierte früher eine Jakobswiese, von der anzunehmen ist, dass sie auch zu der Jakobs-Kaplanei gehört hatte.

In der Kirche findet sich ein Altar mit Abbildungen der heiligen Anna mit ihrer Familie sowie von Jakobus dem Älteren mit Wanderstab, der dem Volk predigt. Ein Hüfinger mit dem Namen Franz Josef Weiß (1735–1790) hat diese Gemälde geschaffen. Einen weiteren Beleg des lebhaften Jakobskults in der Vergangenheit finden wir in der Sakristei: ein silbernes Wetterkreuz mit Reliquien des Apostel Jakobus. Es kam vor 1613 nach Hüfingen. 1680 schlossen sich die Handwerker der Baar mit Sitz in Hüfingen zu einer Jakobsbruderschaft zusammen. Auch heute noch ist dem Patron der Handwerker der linke Seitenaltar der Stadtpfarrkirche geweiht. Zu besichtigen ist noch eine Zunftfahne, die Jakobus mit Stab zeigt und auf der die Zunftwappen der Handwerker abgebildet sind.

Wenn wir nun die Kirche verlassen und uns auf der Hauptstraße nach Süden wenden, können wir verstehen, warum Moritz von Schwind (1804–1871) Hüfingen den Namen »Klein-Augsburg« gab:

der zahlreichen Brunnen wegen. So passieren wir auf dem Weg zwischen Kirche und Stadttor zuerst einen Brunnen, welcher der heiligen Verena geweiht ist, anschließend einen weiteren, der Maria geweiht. Den Abschluss kurz vor dem Stadttor bildet der Jakobsbrunnen mit einer lebensgroßen Darstellung des Pilgervaters.

Achte Etappe: Hüfingen – Stühlingen-Lausheim

Ab Hüfingen folgen wir der Straße in Richtung Hausen, verlassen nach kurzer Zeit die Landstraße und durchqueren ein ansteigendes Waldgebiet. Nach fünf Kilometern und einer Stunde Fußmarsch sehen wir schon Hausen vor Wald. Wir gehen erst in Richtung Friedhof, bevor wir Hausen vor Wald betreten. Nachdem wir den Ortsausgang von Hausen erreicht haben, stehen wir vor einer Wegegabel: Der Jakobsweg nach links führt über Blumberg in 43 Kilometern nach Schaffhausen (Richtung Einsiedeln) oder geradeaus über Mundelfingen in etwa 78 Kilometern nach Waldshut (Richtung Basel). Treffpunkt beider Wege könnte Fribourg in der Schweiz sein.

Wegstrecke: Hüfingen – Hüfingen-Hausen vor Wald – Hüfingen-Mundelfingen – Wutach-Ewattingen – Stühlingen-Lausheim
Achtung: Der Schwarzwaldverein empfiehlt für die Gauchach-Schlucht eindringlich gutes Schuhwerk.

Für Radfahrer ist ein Teil des Wegs, die Gauchach-Schlucht, nicht geeignet.

Länge: 23 Kilometer

Zeit: 6 Stunden

Informationen: Verkehrsamt Stühlingen, Telefon (0 77 44) 5 32 34

Wir überqueren nun die Kreisstraße, steigen auf Pfaden durch den Wald hinauf bis wir den Fahrweg erreicht haben. Nach zwei Kilometern treffen wir auf die Kohlwaldhütte und biegen an dieser Stelle nach rechts ab. Ein Stichweg geradeaus kürzt die im weiten Bogen verlaufende Wertgasse ab, und wir erreichen nach etwa 3,5 Kilometern *Mundelfingen*.

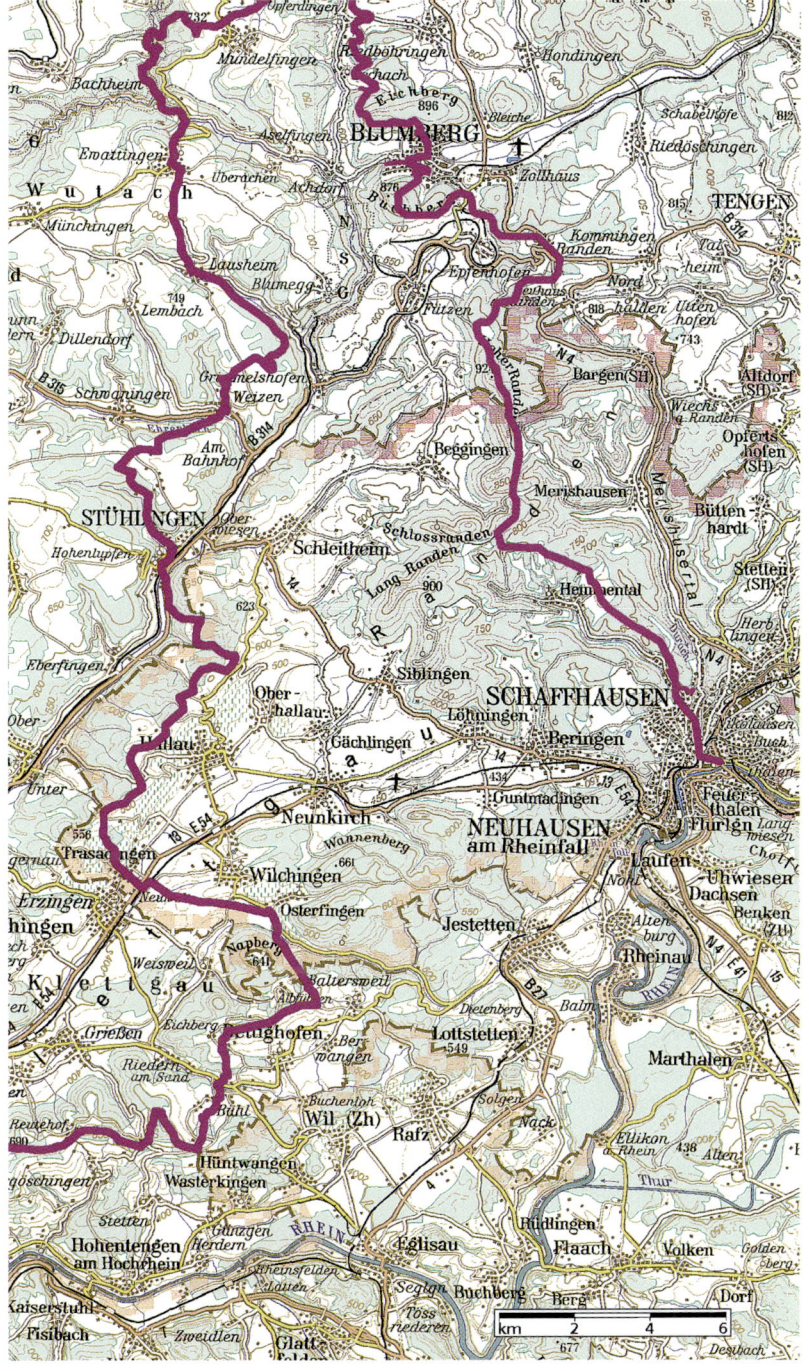

Die Wutachschlucht

Die Wutachschlucht ist ein Naturschutzgebiet, welches sich aus einer tief eingegrabenen Hauptschlucht und einigen Zuflüssen zusammensetzt. Die wilde Schönheit der Natur sowie die artenreiche Tier- und Pflanzenwelt machen dieses Gebiet zu einer einzigartigen Naturerscheinung und die Wanderung zu einem besonderen Erlebnis.

Die Wutach hat in geologisch jüngster Zeit ihren Lauf grundlegend geändert. Aus einem Nebenfluss der Donau wurde ein Zufluss des Rheins. Am Ende der letzten Eiszeit erstreckten sich Gletscher von den Hochlagen des Südschwarzwaldes bis hinab in die umliegenden Täler. Erst vor etwa 20 000 Jahren durchbrach ein Zufluss der Donau vom Feldberg her einen schmalen Talrand, strömte in das Bachbett der damaligen Wutach und floss dann über den Rhein ab. So ist der nach Süden abknickende Verlauf der Wutach entstanden.

Durch die gewaltigen Wassermassen aus den abschmelzenden Gletschern wurde das Bett der Wutach tief ausgeräumt und bildete so eine tiefe und lange Schlucht mit teilweise senkrechten Felswänden.

Die Wälder auf den steilen, felsigen Hängen gehören zu den artenreichsten Süddeutschlands. Am häufigsten kommen Berg- und Spitzahorn, Sommerlinde und Bergulme vor. Durch den lichten Wald gelangt viel Sonne auf den Waldgrund, so dass an diesen Stellen Wärme liebende Pflanzen wachsen können: Mehlbeeren, blutroter Storchschnabel, Ochsenzunge und vieles andere mehr. Im Frühjahr sieht man eine große Zahl von Märzenbechern, Bärlauch, Lerchensporn und gelben Anemonen. Im Sommer finden sich zahllose Stauden, wie das Silberblatt, das im Frühjahr lila blüht und dessen Schoten im Herbst silbern schimmern. Auch das Christophskraut, der Waldgeißbart und viele andere Pflanzen sind hier heimisch. Moose und Flechten überziehen die Stämme und das Geäst alter Bäume. In den Auen wächst die Pestwurz, sie ist eine der auffälligsten Pflanzen in der Schlucht. Sie breitet sich in großer Zahl über die Flusslandschaft aus. Im Sommer nach der Blüte entfaltet sie ihre breiten Blätter.

Auch für viele Vögel ist die Wutachschlucht wichtiger Lebensraum geworden. Dort lebt der Schwarzspecht, die Hohltaube, der rote und schwarze Milan und in den Felswänden der Schluchten brüten die Kolkraben. Den blau gefiederten Eisvogel kann man hier gelegentlich mit den Blicken erhaschen, wenn er pfeilschnell über die Wasseroberfläche schießt und sich kopfüber in die Fluten stürzt. Seine Jungen zieht er in selbstgegrabenen Erdhöhlen am Ufer auf. Ein weiterer Taucher ist die Wasseramsel, die hier sehr häufig vorkommt.

In der Auenlandschaft finden sich auch viele Kleinlebewesen. Amphibien wie Feuersalamander und Erdkröten, aber auch Schnecken, Käfer, Libellen und Köcherfliegen tummeln sich an den verschiedenen Standorten.

Ab der Straßenkreuzung sehen wir als Markierung den roten Rhombus des Schwarzwaldvereins und folgen ihm an Wiesen und Feldern vorbei durch die Gauchach-Schlucht hinunter zur Wutach-Schlucht.

Der Fahrweg ins Tal ist sehr steil. Je näher wir dem Bach kommen, umso kühler und feuchter wird es. Abfallende Serpentinen erfordern eine hohe Trittsicherheit. Manchmal hilft nur ein beherzter Griff an einen Ast, um das Abgleiten zu verhindern. An vielen Stellen dringt Wasser aus dem Fels und überschwemmt die Wege. Knöcheltief kann man im Schlamm auf den schmalen Pfaden stehen. Überkragende Felswände zeigen, dass der Bach sich im Laufe der letzten Jahrtausende tief in die Felsschichten eingegraben hat. Aber auch den Brücken ist ihr Alter anzusehen, und sie sollten nur mit erhöhter Vorsicht betreten werden.

Bald passieren wir die Burgmühle, die vor allem durch ihre blendend rote Wandfarbe ins Auge sticht. Es existiert auch ein

Ausschank, so dass man hier eine Rast einlegen kann. Wir lassen den Weg über die Brücke links liegen und bleiben rechts. Kurz vor dem Ende der Schlucht wird ein historischer Fahrweg sichtbar. Aus unbehauenen Steinen ist die Oberfläche zusammengefügt. Er muss als Verbindung zu den Mühlen gedient haben.

Beim Zusammenfluss von Gauchach und Wutach führt eine überdachte Holzbrücke über die Wutach. Wir treffen hier auf den Bodenseequerweg. Nach wenigen Metern wenden wir uns nach links und folgen einem nur anfangs ansteigenden Weg, der uns bis zu der Sägerei bei den Gipsmühlen führt. Diese Stelle, an der eine der wenigen Brücken über die Wutach führt, ist auch unter dem Namen »Pilgerfurt« bekannt. Hier verlief einst die Schweizer Landstraße, die ihre historischen Wurzeln in einem römischen Heerweg hat. Wir überqueren die Straße und steigen weiter über die »Steig«, dem historischen Verbindungsweg nach Ewattingen, hinauf. In 20 Minuten erreichen wir nach insgesamt drei Stunden und 7,5 Kilometern *Ewattingen*.

Wer gerne noch der Wutach weiter folgen möchte, dem sei als Station der Gasthof »Scheffellinde« mit Pension in Achdorf empfohlen. Dazu folgt man dem Querweg Freiburg – Bodensee noch eine Stunde weiter wutachabwärts. Die »Scheffellinde« befindet sich schon seit 450 Jahren im Familienbesitz; sie erhielt ihren Namen nach dem Dichter Joseph Victor von Scheffel (1826 bis 1886). Von Achdorf aus findet man bei Stühlingen wieder Anschluss an den Pilgerweg.

Der Jakobsweg trifft nach dem Anstieg auf die Hauptstraße von Ewattingen. Das Gasthaus zur Burg (1876) liegt ein Stückchen weiter auf der rechten Seite. An der ersten großen Kreuzung führt der Weg nach links in Richtung Rathaus. Von dort geht es durch den Ort über das Gewann »Löbern« auf den Gemeindeverbindungsweg nach Lausheim. Leider ist es unumgänglich, ein etwa ein Kilometer langes Teilstück den Gemeindeverbindungsweg zu benutzen. Er ist aber kaum frequentiert. Auf dem ausgebauten Weg erreichen wir nach insgesamt 2,5 Kilometern und 30 Minuten *Lausheim*.

In Lausheim übten die Grafen von Nellenburg lange Zeit das Vogteirecht aus, später ging der Ort an die Herren von Blumegg

Kapelle auf dem Kalvarienberg bei Stühlingen

über. Graf Eberhard von Nellenburg, Gründer der Stadt Schaffhausen und des Benediktinerklosters Allerheiligen, war es, der mit seiner Gemahlin Ita im Jahr 1072 nach Santiago de Compostela gereist war.

Zwei Gaststättennamen fallen dem erfahrenen Pilgerwanderer sofort ins Auge: »Zum Kreuz« und »Sternen«. Beide Bezeichnungen lassen sich gerade auf den Pilgerwegen in der Schweiz in großer Zahl belegen.

Ein Besuch der Gaststätte »Zum Kreuz« lohnt sich. Vor allem weil die freundliche und interessierte Frage nach dem Mahl nicht wie sonst üblich »War es recht?« oder »Hat es Ihnen geschmeckt?« lautet. »Sind Sie satt geworden?« hieß die Fragestellung, die doch für einen vom langen Wandern hungrigen Pilger eine deutlich größere Bedeutung hat.

Die Nikolauskirche zeigt im Innern eine sehr farbenfrohe Bemalung. Die Fresken, die bei den Renovierungsarbeiten im Jahr 1968 freigelegt wurden, zeigen Szenen aus dem Leben des heiligen Nikolaus und lassen sich auf das 15. Jahrhundert datieren. Es soll sogar, so berichtet die Überlieferung, früher einmal ein Messgewand des Heiligen in der Kirche aufbewahrt worden sein.

Neunte Etappe: Stühlingen-Lausheim – Stühlingen

In Lausheim führt die Hinter-der-Burg-Straße auf die Abt-Meister-Straße. Wir folgen dem Wanderzeichen »Roter Kreis«, schlagen einen Bogen um das Bannholz, steigen den Gelstieg hinunter und erreichen nach sieben Kilometern und fast zwei Stunden *Weizen*. Über die Sonnenbergstraße kommen wir in den Ort. Wir gehen durch die Strickgasse, überqueren die Lembacher Straße und biegen in die Buchwaldstraße ein.

Weizen ist eine sehr alte Niederlassung, wie der Fund eines Kriegergrabes aus der Bronzezeit zeigt. Es wird 781 in Sankt Gallener Urkunden als »Wizia im Alpegauia« erwähnt. Ein gewisser Walter de Wizen, der 1107 genannt wird, gehört zu dem wenig in Erscheinung getretenen Dorfadel. Das Kloster Allerheiligen in Schaffhausen bekam 1350 vom Bischof Ulrich von Konstanz das Patronatsrecht der Pfarrei Weizen verliehen. Das Recht zur Besetzung der Pfarrei wurde bis zur Aufhebung des Klosters 1521 ausgeübt. Die Pfarrkirche ist dem heiligen Konrad, einst Bischof von Konstanz, geweiht. Sie wurde 1838 nach einem Entwurf von Heinrich Hübsch (1795–1863) erbaut. Das Attribut des Heiligen ist ein Kelch, welcher auch im Wappen des Ortes dargestellt ist. An der ehemaligen Zehntscheuer ist noch ein runder Torbogen mit der Jahreszahl 1575 zu finden.

 Wegstrecke:
Stühlingen-Lausheim – Stühlingen-Weizen – Kalvarienberg – Stühlingen

 Länge:
16 Kilometer

 Zeit:
5 Stunden

 Informationen:
Verkehrsamt Stühlingen,
Telefon (0 77 44) 5 32 34

Weizen ist auch Endbahnhof der 26 Kilometer langen Museumsbahn durch das Wutachtal. Sie wurde 1887 bis 1890 von den Großherzoglichen Badischen Staatsbahnen erbaut. Inzwischen ist die Strecke wieder reaktiviert, und an den Wochenenden von Mai bis Oktober fahren Dampfzüge durch das Wutachtal und über mehrere Viadukte.

Reliquienverehrung

Einst stand für die »reliquiae«, wörtlich mit »Überbleibsel« übersetzt, die geistige Hinterlassenschaft eines Menschen. In der Frühzeit des Christentums war eine Reliquienverehrung nicht üblich, da die Herausnahme der Gebeine als Störung der Totenruhe angesehen wurde. Ab dem 4. Jahrhundert änderte sich diese Praxis: Die geschlossenen Reliquienschreine und Särge wurden geöffnet und die Gebeine der Heiligen zum Teil durch solche aus Glas ersetzt. Dadurch entwickelte sich auch eine Schau- und Berührfrömmigkeit, weil man der Ansicht war, dass durch das Berühren der Reliquien eine Übertragung der innewohnenden Kräfte stattfinden würde. Nach und nach setzte ein reger Handel zum einen mit Reliquien, zum anderen mit Objekten, die mit diesen Reliquien in Berührung gekommen waren, ein. So legte die Kirche damals fest, dass selbst im kleinsten Teil einer Reliquie die helfende Kraft des Heiligen innewohne.

Wir folgen dem Wanderzeichen »Blaues Rechteck« und erreichen nach 3,5 Kilometern und einer Stunde den von Linden beschirmten *Kalvarienberg.*

Kalvarienberge sind dem Gedankengut des Spätmittelalters entsprungen, das sich mit Vorliebe dem Leiden Jesu widmete und die »Schädelstätte«, wo sich die Passion abspielte, gerne bildlich darstellte oder als Bauwerk nachahmte.

Die zu Schwaningen gehörende Kapelle auf dem Kalvarienberg ist der mündlichen Überlieferung nach von einem Seemann gestiftet worden und soll auch eine Station auf dem Pilgerweg nach Santiago de Compostela gewesen sein. Den ersten Hinweis auf die Stiftung und den Bau der Kapelle gibt ein vom Konstanzer Weihbischof Konrad Ferdinand Geist von Wildegg beurkundetes Schreiben von 1709. Darin ist verzeichnet, dass J. G. Widmer einige Jahre zuvor 100 Gulden zum Bau einer Kapelle bei Schwaningen gestiftet habe. Die über dem südlichen Kapellenfenster

Kreuz bei Stühlingen

eingemeißelte Jahreszahl 1709 hält das Baujahr fest. Doch ist zu vermuten, dass der jetzige Fenstersturz bereits vor der Erweiterung der Kapelle über der Eingangstür angebracht war.

Belegt ist, dass im Altar Reliquien der Heiligen Martin, Anna und Jakobus eingelassen sind. Urkunden von 1736, 1737 und 1738 bestätigen ihre Echtheit. Bei der letzten Renovierung wurde im Altar ein Buntsandsteinblock mit einer quadratischen Vertiefung gefunden. Darin eingepasst fand sich ein Glasbehälter mit einem Holzdeckel, worin sich vermutlich die Reliquien befinden.

Der mündlichen Überlieferung nach soll es auf dem Kalvarienberg eine Vorläuferkapelle aus dem 12. oder 13. Jahrhundert gegeben haben. Autoren des 19. Jahrhunderts haben dies ohne Angabe von Belegen oder Urkunden aufgegriffen. In Karten von 1513 und 1684 ist die Kalvarienbergkapelle jedoch nicht verzeichnet. Zu dieser Kapelle wurde auch ein Weg mit 16 Stationen aus Stein mit dem Leiden Christi gestiftet. Er verläuft auf dem Verbindungsweg von Schwaningen zur Kapelle.

1732 baute Christian Widmer aus Schwaningen ein Mesnerhaus neben die Kapelle. Aber schon 1740 wurde der einfache Holzbau erweitert. Bis 1776 wurde der gegenüberliegende Hof von der Familie Widmann und danach bis heute von der Familie Büche bewirtschaftet, die auch immer den Mesner gestellt hat. Als Dokument dieser Tradition ist auf dem Hof ein altes Brett mit den Initialen M W (Widmer) und den Jahreszahlen 1709 und 1740 erhalten geblieben. Als Besoldung erhält der Mesner heute wie früher die Nutzung eines etwa 150 Ar großen Grundstücks.

Wir folgen dem orangefarbenen Wanderzeichen die »Stieg« hinunter. Rechts unten im Tal liegt der Weilerhof (siehe Seite 62). Kurz vor Stühlingen erscheint ein blauer Rhombus als Wanderzeichen und von der Rappenhalde her erreichen wir nach fünf Kilometern und etwa einer Stunde *Stühlingen*.

Der Ort wurde urkundlich erstmals im Jahre 1093 erwähnt. Im Oberdorf wurde 1848 ein Mosaikboden ausgehoben, der von der Anwesenheit der Römer zeugt. Die Alemannen vertrieben später die Römer und ließen sich in der Talsohle nieder. Die Geschichte der Stadt Stühlingen ist eng verbunden mit der des Ritterschlosses zu Stühlingen, später Hohenlupfen genannt. Ein Teil des Ortes

Der verschollene Pilgerweg

In einer 1975 erschienenen Novelle »Die Sichel« der Schrift-
stellerin Ruth Blum wird der verschollene Pilgerweg literarisch
verarbeitet:

»Es ist ungefähr achtzig Jahre her«, begann Gertrud, »als in
meiner Heimat das Korn zum letzten Mal mit der Sichel
geschnitten wurde. Die letzten Schwabenschnitterinnen kamen damals über die Grenze und verdingten sich bei den
reichen Bauern im Tal. Unter ihnen befand sich meine Urgroßmutter. Sie hieß Gertrud wie ich und war sehr arm, aber
schön und fromm. Die Leute, denen sie sich angeschlossen
hatte, zogen über einen uralten Pilgerweg, den die katholischen Schwarzwälder benützten, wenn sie nach Einsiedeln
wallfahrteten. Nach Schilderungen der Urgroßmutter, die ich
als Mädchen noch oft besucht habe – sie wurde fünfundneun-
zig Jahre alt –, war dieser Pilgerweg nichts anderes als ein
schmaler Feldweg, an welchem sich in regelmäßigen Abstän-
den schlichte Holzkreuze erhoben. Und kurz vor der Grenze
musste noch ein so genannter Ölberg überstiegen werden, ein
steiler Hügel, der besäumt war mit den vierzehn Leidenssta-
tionen. Zuoberst stand ein Marienkirchlein. Vor Kreuzen und
Bilderstöcken beteten die Pilger den Rosenkranz, und die
Schnitter und Schnitterinnen sangen ein altes Schnitterlied ...«

Natürlich wird in Ruth Blums Novelle »Die Sichel« dieser
Pilgerweg ausfindig gemacht und ein Abschreiten beschrieben. Doch die Dichterin lässt das Geheimnis um den Weg
bestehen, denn die beiden Wanderer aus ihrer Novelle kommen vom Weg ab, verirren sich und finden nur mit Mühe
zurück.

verdankt seine Entstehung dem Schloss, das die Ansiedlung von
Handwerkern begünstigt hat. Maximilian von Papenheim ließ in
den Jahren 1619 bis 1623 Teile der Burg niederreißen und das
Schloss in seiner heutigen Gestalt wieder aufbauen.

Einen Besuch wert ist die Pfarrkirche Heilig-Kreuz, die 1785 von Franz Josef Salzmann aus Donaueschingen – einem bedeutenden Baumeister des Frühklassizismus – entworfen und durch Franz Xaver Fritschi errichtet wurde.

Zeit nehmen sollte man sich für das Kapuzinerkloster. Landgraf Maximilian Franz zu Fürstenberg war auf einer Italienreise schwer erkrankt und versprach, der Jungfrau von Loretto eine Kapelle zu errichten, wenn er gesund in die Heimat zurückkehren würde. Dieses Gelübde erfüllte er zuerst in Haslach im Kinzigtal, später in Stühlingen. Der Auftrag zum Bau wurde am 29. Dezember 1679 erteilt, der Grundstein am 8. April 1680 durch den Abt von Sankt Blasien gelegt. Um der im »Balbachschen Garten« erbauten Lorettokapelle den Besuch der Gläubigen zu sichern, genehmigte Papst Innozenz XII. im Jahr 1693 eine fromme Bruderschaft der Ewigen Anbetung und stattete sie mit zahlreichen Ablässen aus.

So nahm die Stühlinger Wallfahrt nach den Wirren und Zerstörungen des Dreißigjährigen Krieges ihren Anfang. Die Kapuziner, die schon längere Zeit vom Kloster in Engen aus seelsorgerisch tätig waren, baten den Landgrafen Maximilian Franz um die Genehmigung, sich in Stühlingen niederzulassen und die Betreuung der Wallfahrt übernehmen zu dürfen. Schon kurze Zeit später, am 1. Juli 1738 begann man, eine neue Wallfahrtskirche zu bauen und die Lorettokapelle in den Bau einzugliedern.

Der Baustil der Kapuziner ist – auch im Barock – geprägt durch ihre Armutstradition. Dies bedeutete, dass vor allen Dingen ortsübliche Materialien zum Bau verwendet wurden. Vorherrschend sind die naturfarbenen Holzarbeiten, die dem ganzen Raum einen warmen Charakter verleihen. Die Innenarbeiten führte der Schreiner Hans Michael Hofacker aus. Die ursprüngliche Lorettokapelle zeigt sich im Gegensatz zur übrigen Innengestaltung der Kirche sehr üppig mit kostbarem Schmuck, meist in Goldfassung. Ein Eisengitter bildet die Trennung zwischen der Kapelle und der neuerbauten Kirche. Das Fürstenbergische Wappen auf dem Gitter deutet auf die vom Haus Fürstenberg ausgehende Gründung hin. Die Ausmalung der Fresken erfolgte durch Johann Nikolaus Spiegel (1706–1759).

Rechts sieht man die sitzende Mutter Gottes mit ihrem Kind. Der auffliegende Storch ist Sinnbild für Tugend und Gerechtigkeit. Weitere Gestalten gruppieren sich um die sitzende Madonna. Jakobus hält schützend die Hand über Ludwig IX. von Frankreich, von dem berichtet wird, dass er 1251 nach einem missglückten Kreuzzug und der Gefangenschaft das Geburtshaus in Nazareth besuchte und sein Bild dort anbringen ließ.

Das Kloster wurde 1802 aufgehoben, der letzte Kapuziner, Pater Marx Jacob Rehm von Amtenhausen, starb am 10. April 1831. Nach der Versteigerung sämtlichen Inventars standen Kirche und Klostergebäude zunächst leer. Nach Jahren unterschiedlicher Nutzung erwarben die Kapuziner 1927 wieder Kloster und Kirche. Heute finden wieder wöchentlich Wallfahrtsgottesdienste, an Feiertagen auch Festgottesdienste statt. Außerdem wird das Kloster heute als Einkehrhaus genutzt. Interessierte können eine Woche oder auch längere Zeit dort mitleben.

Eine weitere Wallfahrt der Menschen in und um Stühlingen galt der *Weilerhofkapelle* des heiligen Antonius im Weilertal. Erwähnt wurde sie schon 1360 in einer rheinauischen Urkunde. Antonius wurde in Ägypten als Sohn reicher christlicher Eltern geboren. Mit zwanzig Jahren übernahm er nach dem Tod der Eltern die Verwaltung der Familiengüter und kümmerte sich um die Erziehung seiner jüngeren Schwester. Dann aber verkaufte er alles, was er hatte und gab das Geld den Armen. Er verzichtete auf Reichtum, Privilegien und Sicherheit und lebte als Einsiedler abgeschieden und in Armut.

Die Schweine, mit denen er dargestellt wird, stehen für seine berühmten Versuchungen. So erschien ihm der Teufel in Gestalt einer oder mehrerer schöner Frauen. In anderen Fällen wurde er mit Krallen, Zähnen und Hörnern verwundet, zu Boden geschlagen, an den Haaren gerissen und, während seine Zelle in Flammen aufging, schließlich in die Lüfte gehoben und von allen Seiten bedrohlich angegriffen.

Alljährlich, bis zur Aufhebung der Kapelle im Jahre 1834, zogen die Wallfahrer von Schwaningen und Weizen zuerst zur Loretto-kapelle in Stühlingen und anschließend zu der schlichten Wall-fahrtsstätte im Weilertal.

Zehnte Etappe: Stühlingen – Klettgau-Bühl

Von der Hauptstraße im Zentrum von Stühlingen setzt sich der Weg nach links in den Raingarten, dann über die Hallauer Straße fort. Schon ab der Hauptstraße folgen wir den Wanderzeichen »Grüner Kreis«. Auf der anderen Seite der B 314 führt der Jakobsweg an der Ziegelhütte vorbei und biegt nach links in Richtung der schweizerischen Grenze ab. Beim hinteren Berghof biegt der Pilgerweg nach rechts in Richtung Südwesten ab. Wir passieren den Hallauer Berghof und erreichen nach 13 Kilometern und etwa drei Stunden Trasadingen (Schweiz).

Wegstrecke:
Stühlingen – Trasadingen (Schweiz) – Appollonia-Kapelle – Klettgau-Bühl

Länge:
23 Kilometer

Zeit:
6 Stunden

Informationen:
Verkehrsamt Stühlingen, Telefon (0 77 44) 5 32 34; Gemeinde Dettighofen, Telefon (0 77 42) 9 20 70

Die Landschaft des Klettgau, südlich des Randen gelegen, ist geprägt durch ein fruchtbares, flaches Tal, welches vor über 50 000 Jahren durch den Urrhein geformt wurde.

Kurz vor Trasadingen führt der Pilgerweg am Bauernhof der Familie Gysel vorbei. Hier kann der Wanderer – ähnlich den mittelalterlichen Pilgern – im Stroh übernachten. Am nächsten Morgen wird er aber nicht mit einer Brotsuppe abgespeist, sondern erhält ein ordentliches Frühstück, und eine Dusche steht ebenfalls zur Verfügung. Werner Gysel (junior), Berghaus 208, CH-8217 Wilchingen, Telefon (00 41) (0) 5 26 81 28 71 (Voranmeldung erwünscht); Internet-Adresse: http://www.farmer.ch

Wir folgen dem markierten Wanderweg, biegen aber in Richtung Kirche nach links ab. Der Weg führt zur Bahnstation, knickt nach links ab und folgt ein kurzes Stück den Gleisen. Bis zum Ortsanfang von Osterfingen geht es geradeaus weiter. Nach der Abzweigung nach rechts in Richtung des Wangentals verlassen wir nach einem kurzem Aufstieg schweizerisches Territorium und er-

Die heilige Apollonia

Der Namenstag der heiligen Apollonia ist der 9. Februar. Die Legende nennt sie »eine betagte christliche Jungfrau«, die 249 in Alexandria den Märtyrertod erlitt. Den Berichten nach wurde Apollonia bei einem Pogrom von der aufgehetzten Menge zusammen mit anderen Christen verschleppt. Es wurden Häuser geplündert, Wertsachen gestohlen, Möbel flogen auf die Straße. Ihr wurden während ihres Martyriums die Zähne ausgeschlagen und die Kinnlade zertrümmert. Man drohte ihr mit Verbrennung auf dem Scheiterhaufen und verlangte, dass sie dem Glauben abschwöre. Sie aber stürzte sich laut betend freiwillig in die Flammen und verbrannte. Die Frage, ob diese Tat als Martyrium oder als Selbstmord zu werten sei, beschäftigte die damals noch junge Kirche sehr lange.

Seit dem 14. Jahrhundert wird die Heilige häufig mit Palmzweig, Buch und Zange, die einen Zahn hält, dargestellt. Unter ihren Füßen lodert ein Feuer. Sie wird bei Zahnleiden angerufen und gilt als Schutzpatronin der Zahnärzte. Eine Bauernregel lautet: »Ist's an Apollonia feucht, der Winter sehr spät entfleucht.«

reichen nach 7,5 Kilometer und eineinhalb Stunden die Apollonia-Kapelle von Baltersweil.

Die Anwesenheit zahlloser Pilger hat sich hier in dem Flurnamen »Pilgerhag« niedergeschlagen. Der älteste Hinweis auf Pilger und Wallfahrer, die sich der Apollonia-Kapelle als Raststätte bedienten, stammt aus der Zeit des Waldshuter Krieges von 1468.

Die Inschrift an der Kapelle lautet: »Ihr Vorbeigeher und Schauer, sagt mir, wer ist Fürst, Bettelmann oder Bauer?« Im Tode werden sie alle gleich sein. In früheren Zeiten ein gutes Mittel, Ungleichheiten im Leben nicht zu hinterfragen. Derselbe Text findet sich auch an der Jakobskapelle in Ühlingen.

An heißen Tagen lässt es sich angenehm unter der großen und sehr alten Linde rasten, die bei der Kapelle steht. Nach Süden

öffnet sich an klaren Tagen ein weiter Blick über die Hügellandschaft der Schweiz. Der Rhein hat sich so tief eingegraben, dass
er noch nicht zu sehen ist.

Mit großer Wahrscheinlichkeit sind in den letzten 350 Jahren
Wallfahrer von hier aus über Rafz und Eglisau nach Einsiedeln
gezogen. Mehrere Hinweise auf andere Routen deuten darauf hin.
So wird südlich von Eberfingen am Scherrersgraben ein Flurstück
»Am Einsiedler Weg« bezeichnet.

Die Reformation, mit der eine Ablehnung der Pilger- und Wallfahrten einherging, hat dafür gesorgt, dass die Jakobspilger im
16. Jahrhundert rar geworden sind. So ist zu vermuten, dass sämt-
liche Spuren der Jakobspilger, die nicht über Einsiedeln, sondern
auf kürzerem und teilweise bequemerem Wege über Basel gezogen sind, verdeckt wurden.

Da für Einsiedeln schon drei Zugangswege existierten, wurde
in Abstimmung mit Archivaren und Historikern entschieden, diesen Weg nun in Richtung Waldshut weiterzuführen. Der Streckenabschnitt nach Basel bietet gleichwohl einige bedeutende Heiligtümer, die von Pilgern als Etappenziel angenommen wurden.
Gleichfalls sind Pilgerberichte aus dieser Region erhalten.

Schon vor der Apollonia-Kapelle biegt der Weg nach rechts ab,
und wir folgen dem Wanderzeichen »Roter Rhombus« des
Schwarzwaldvereins über Vordereichberg und erreichen nach drei
Kilometern und einer Dreiviertelstunde *Bühl*. Schon 1275 als Bule
erwähnt, gehörte Bühl einst den Herren von Balm, seit 1514 war
der Ort im Besitz der Landgrafschaft Klettgau. Das Pfarrhaus
stammt aus dem Jahre 1510 (Jahreszahl im Türsturz) und wird von
einem schönen Garten mit Maueranlage umgeben. Imposant und
beeindruckend ruht die Notburga-Kirche auf einer Anhöhe. Im
Innenraum rechts steht der von Josef Auer (1718) gestaltete Not-
burga-Altar. Außerdem ist ein Altarbild des Konstanzer Hofmalers
Jakob Karl Stauder zu sehen (siehe auch den Kasten auf Seite 66).

Elfte Etappe: Klettgau-Bühl – Waldshut

Wieder auf dem Pilgerweg folgen wir weiterhin dem roten Rhombus und gelangen auf den Küssabergweg, der uns bis vor die Tore

Die heilige Notburga

Die heilige Notburga ist der Legende nach eine Königstochter aus Schottland, geboren 796, jung verheiratet mit dem Herzog Alboin. Die Überlieferung berichtet, dass Notburga nach der Ermordung ihres Gemahls fliehen musste. Sie kam schwanger, von einer Magd begleitet, an den Oberrhein, zunächst nach Säckingen zum Grab des heiligen Fridolin und nach Bühl im Klettgau. Dort gebar sie am 24. Juni 820 neun Kinder. Acht blieben am Leben, eines war tot. Sie wollte ihre Kinder kurz nach der Geburt taufen, es war aber kein Wasser da. Sie gab der Magd einen Stab und befahl ihr, damit an den Felsen zu schlagen, und sogleich entsprang daraus eine klare Quelle. Diese Quelle wurde später berühmt und häufig besucht, aber von den Bewohnern Bühls verunreinigt. Notburga hatte genug von den Querelen und dem Neid und »entrückte« die Quelle in das nahe Wäldchen an den Fuß des Eichberges, wo dieses Notburgabrünnlein tatsächlich noch heute fließt.

Notburga widmete sich der Erziehung ihrer Kinder und der einheimischen Jugend und der Bekehrung des Volkes. Dabei wurde sie vom Kloster Rheinau unterstützt. Sie baute eine Schule, eine Fremdenherberge und eine Kapelle, die 832 vom Konstanzer Bischof eingeweiht wurde. Sie starb am 26. Januar 840. Bald nach ihrem Tod wurden Wallfahrten nach Bühl abgehalten. Durch ihre Gebete erhofften sich die Pilger Hilfe bei Trockenheit, bei Schwangerschaft und eine glückliche Entbindung ohne Schmerzen – besonders bei Mehrlingsgeburten.

Notburga gehörte zu der beträchtlichen Schar iroschottischer Persönlichkeiten der frühchristlichen Zeit, die vom 6. Jahrhundert an nach Mitteleuropa gewandert sind, um den christlichen Glauben zu verbreiten. Es wird vermutet, dass die Notburga-Legende aus der Umdeutung der Legende um eine heidnische Fruchtbarkeitsgöttin entstanden ist.

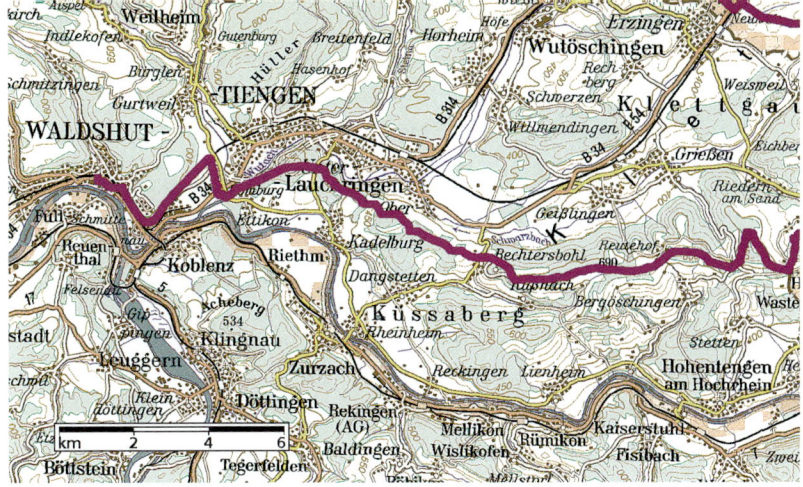

der Stadt Waldshut begleiten wird. Nach zwölf Kilometern und beinahe drei Stunden Fußmarsch erreichen wir *Bechtersbohl*.

Nördlich, am Fuße des Anstiegs nach Bechtersbohl hinauf, wurden bei Ausgrabungen Fundamente aus der Römerzeit entdeckt. Dies lässt vermuten, dass die römische Landstraße hier entlang zum Rhein in Richtung Rheinheim führte. Schon damals existierte dort ein Übergang nach Zurzach. Bei Niedrigwasser sollen noch Fundamente im Wasser zu sehen sein. Am Eingangsportal des dortigen Gasthauses Engel befindet sich ein schön behauener Schlussstein mit Engelsköpfchen und der Jahreszahl 1761. Darüber ist eine steinerne Muschel angebracht. Es wird angenommen, dass es sich beim Gasthaus Engel und vielleicht auch bei dem Haus Hug um frühere Pilgerherbergen handelt.

Der Weg führt weiter auf dem landschaftlich sehr reizvollen Küssabergweg. Am Ende dieses Wegstücks muss die

Wegstrecke:
Klettgau-Bühl –
Küssaberg-Bechters-
bohl – Waldshut

Länge:
25 Kilometer

Zeit:
6 Stunden

Informationen:
Tourist-Information
Waldshut, Telefon
(0 77 51) 83 31 98/99

Der heilige Rochus

Der heilige Rochus gilt als Helfer gegen die Pest, die Cholera und andere Seuchen. Sankt Rochus wurde in Montpellier im 13. Jahrhundert geboren. Der Legende nach verschenkte er sein ganzes Vermögen an Arme und begab sich auf eine Pilgerfahrt nach Rom. Schon während seiner Reise pflegte er Pestkranke, erkrankte selbst und wurde im Spital nicht geduldet. Er zog sich in eine Hütte im nahen Wald zurück. Dort erschien ihm ein Engel, der ihn pflegte. Der Hund eines benachbarten Edelmanns versorgte ihn mit Brot. Von der Krankheit genesen, beschloss er, heimzukehren. In der Heimat aber wurde er für einen Spion gehalten und ins Gefängnis geworfen, in dem er bis zu seinem Tode blieb. Erst danach wurde er an einem Muttermal wiedererkannt.

Seit der ersten Hälfte des 15. Jahrhunderts taucht Rochus als Fürbitter vor allem gegen die Pest auf. Er wird aber auch gegen alle anderen Seuchen angerufen. Oftmals wurden Spitäler nach ihm benannt. Darstellungen zeigen ihn in Pilgertracht mit Hut, Stab und Flasche und Jakobsmuscheln auf seinem Mantel. Seine Pestwunde auf dem Oberschenkel wird durch den zurückgeschlagenen Rock sichtbar. Er selbst war aber nie am Grab von Jakobus in Santiago de Compostela.

Wutach überquert werden. Am Bahndamm wendet sich der Weg nach links und nach 13 Kilometern und drei Stunden sind wir an unserem Zielort *Waldshut* angelangt. Hier enden die Markierungen des Jakobswegs. (Eine Kennzeichnung der Wege wird vermutlich in den nächsten Jahren fortgesetzt.) Wanderern wird empfohlen, die Wege des Schwarzwaldvereins zu benutzen, um über Basel weiter auf einem der folgenden Pilgerwege zu wandern und noch die eine oder andere Spur des Jakobskults zu entdecken.

In Waldshut wird der Wanderer auf der Brücke vor dem Stadttor von Sankt Rochus begrüßt.

In Waldshut bestand einst eine Jakobusbruderschaft der Schuhmacher. Sie war eine Gebets- und Totengedenkbruderschaft. In den Statuten von 1513 ist vermerkt, dass die »Aufseher« am Johannestag und an Weihnachten gewählt wurden. Crispin (Krispinus) und Crispinian (Krispinianus) sind Schutzpatrone der Schuster. Bei diesen Patronen handelte es sich um ein vornehmes Brüderpaar, das als Christen verfolgt wurde. Sie fertigten unentgeltlich Schuhe für die Armen und konnten viele zum Glauben bekehren. Sie mussten bis zu ihrem gewaltsamen Tod eine Reihe von Martyrien erdulden. Ihre Reliquien kamen schon im 9. Jahrhundert in den Dom zu Osnabrück. Der Versammlungssaal der Schuhmacher selbst wurde mit einer Statue des heiligen Georg geschmückt.

»Ich streich das Geld in meinen Hut, die Stadt soll heißen Wal-

Sankt Rochus im Pilgergewand mit Muscheln, Waldshut

deshut.« Mit diesem Spruch half der Legende zufolge ein schlaues Bäuerlein aus dem Hotzenwald den Stadtvätern aus der Verlegenheit, der Stadt einen Namen geben zu müssen, und bekam dafür die ausgesetzte Belohnung von zehn Goldgulden.

Von Graf Albrecht von Habsburg Anfang des 13. Jahrhunderts gegründet, wurde Waldshut von seinem Sohn Rudolf, dem späteren deutschen König, zum Schutz der umliegenden Habsburger Besitztümer befestigt. Die Stadt entwickelte sich rasch und wurde Sitz des Waldvogts der oberen vorderösterreichischen Verwaltungsbehörde. – Im Jahr 1468 belagerten 16 000 Eidgenossen die Stadt. Nachdem die Stadt mit nur 800 Mann Besatzung sechs Wochen lang den Angreifern trotzte, wurde Friede geschlossen. Die Stadt und der Südschwarzwald entzogen sich damit dem Zugriff der Eidgenossen. In Erinnerung an das glückliche Ende der Belagerung 1468 wird alljährlich im August die Waldshuter Chilbi, das große Heimatfest, gefeiert.

Von Winnenden nach Schaffhausen in neun Etappen

Gesamtstrecke:
216 Kilometer

Übersichtskarte:
siehe Seite 42/51

Die ersten sieben Etappen der Strecke (Winnenden–Hüfingen) sind auf Seite 26 bis 50 beschrieben. Die Variante über Schaffhausen (mit dem Nahziel Einsiedeln) beginnt kurz hinter Hüfingen, in Hausen vor Wald.

Achte Etappe: Hüfingen-Hausen vor Wald – Blumberg

Die Routen-Verzweigung befindet sich am südlichen Ortsausgang von Hausen vor Wald. Nachdem wir links auf die schmale Landstraße eingebogen sind, müssen wir ihr eine Viertelstunde lang folgen, bis wir nach links in den Wald abzweigen können. Nach einer weiteren Viertelstunde betreten wir den Wendtweg und

Museumsbahn Wutachtal

Der Name ist merkwürdig, doch die »Sauschwänzlebahn« hat unter den Freunden historischer Dampfzüge einen besonderen Klang. Im gemächlichen Tempo geht es durch die wildromantische Wutachschlucht und das geologisch interessante Mühlbachtal. Großartige Viadukte, die idyllische Dörfer und Wildwasser überspannen, Brücken und viele Kehrschleifen finden sich hier. Die Bahnstrecke kringelt sich wie ein Sauschwänzle – daher der Name. Besondere Attraktion ist Deutschlands einziger Kreiskehrtunnel, in einer reizvollen Landschaft zwischen Buchberg und Randen nahe der Schweizer Grenze gelegen. Die Museumsbahnstrecke hat eine Länge von 25 Kilometern. Zu Zeiten der ehemals Großherzoglichen Badischen Staatsbahn erbaut, fuhren Tausende von Zügen auf dieser Strecke. Am 1. Mai 1976 legte die damalige Deutsche Bundesbahn diese Strecke still. Freunde historischer Dampfzüge, die jetzt wieder diese Strecke befahren, können sich auf eine unvergessliche Fahrt freuen.

Weitere Informationen zur Wutachtalbahn über die Stadtverwaltung Blumberg, Telefon (0 77 02) 5 12 00 (nur vormittags von 8–12 Uhr); Telefax (0 77 02) 5 12 22.

folgen ihm durch eine wunderschöne Landschaft, bis er sich mit dem Ostweg des Schwarzwaldvereins vereint. Der Wendtweg selbst setzt sich mit einem steilen Abstieg noch etwa 2,5 Kilometer bis Achdorf fort.

Wir folgen jedoch dem Ostweg nach links, zuerst in Serpentinen den Berg hoch, dann 20 Meter auf einem Fahrweg weiter nach rechts und erreichen wenige Minuten später – nach insgesamt zehn Kilometern und zwei Stunden – die 914 Meter hoch gelegene Schutzhütte Eichberg.

Richten wir den Blick nach Süden, breitet sich das ganze Land zu unseren Füßen aus. Deutlich erkennen wir den Verlauf der Wutach und den kleinen Ort Achdorf. Bänke, Tische und Feuerstelle laden zu einer Rast ein. Auch die Drachenflieger haben sich hier einen Startplatz angelegt. – Wir folgen dem Ostweg und finden nach einer halben Stunde eine Abzweigung, die stark abfallend nach Blumberg führt. Nach vier Kilometern und einer Stunde Gehzeit stehen wir im Zentrum von *Blumberg*.

Wegstrecke:
Hüfingen-Hausen
vor Wald – Schutz-
hütte Eichberg – Blumberg

Länge:
19 Kilometer

Zeit:
5 Stunden

Informationen:
Verkehrsamt
Blumberg, Telefon
(0 77 02) 5 12 03

Das Städtchen zwischen Schwarzwald und Hegau hat vor allem wegen des Dogger-erzabbaus vor und während des Zweiten Weltkriegs ein ungewöhnliches Schicksal erfahren. Beinahe über Nacht verwandelten die Nationalsozialisten das verträumte Bauerndorf in eine Bergbaustadt. Menschen wurden angesiedelt, Häuser reihenweise hochgezogen, Straßen gebaut. Die Nationalsozialisten benötigten das Bohnerz für die Rüstung. Im April 1942 wurde das Erzbergwerk wieder geschlossen, was die Menschen, die aus vielen Teilen Deutschlands, Polens und Italiens angeworben oder abkommandiert worden waren, in große Not brachte.

Zu den ältesten Siedlungen der Umgebung gehört der Steppacher Hof. Blumberg ist eher eine Niederlassung, die eng mit der Burg der Herren von Blumberg verbunden und nicht als Handelszentrum in Erscheinung getreten war. Deshalb lassen sich hier auch keine Spuren der Jakobspilger auf dem Weg nach Schaffhausen finden.

Neunte Etappe: Blumberg – Schaffhausen

Unser Weg führt zunächst entlang der Hauptstraße und biegt kurz nach dem Rathaus links in die Friedhofstraße ein. Inzwischen sind wir auf den Europawanderweg E 1 mit dem Zeichen eines roten Rhombus auf weißer oder gelber Fläche gelangt und bleiben auf ihm bis kurz vor Randen. Noch vor den ersten Häusern nehmen wir die Abzweigung nach rechts, folgen kurze Zeit der Bundesstraße, um auf der Höhe nochmals nach rechts abzubiegen. Nach zehn Kilometern und zwei Stunden kommen wir zum *Klausenhof*. Wir folgen dem Zeichen des roten Rhombus und treffen den Ostweg wieder, auf dem wir in südwestlicher Richtung weiter wandern. So erreichen wir nach 14 Kilometern und drei Stunden unsere letzte Station: *Schaffhausen*.

1049 gründete Graf Eberhard von Nellenburg die Stadt und das dortige Benediktinerkloster Allerheiligen. Mit seiner Frau Ita unternahm er eine Pilgerfahrt nach Santiago de Compostela. 1072 trat Eberhard in das eigene Kloster ein, wo er 1078 starb.

Im Jahr 1080 gründeten Ita von Nellenburg und ihr Sohn Burkhard das Frauenkloster St. Agnes in Schaffhausen. Jakobus ist dort Altar-Kompatron.

Schaffhausen ist eine architektonisch bemerkenswerte Stadt. Besondere Beachtung sollten Sie der Außengestaltung der Häuser schenken, die häufig mit Erkern und farbenfrohen Fresken verziert sind. Die zwischen 1568 und 1570 fertig gestellten Fresken auf dem Haus »Zum Ritter« gelten als die be-

 Wegstrecke:
Blumberg – Europawanderweg E1 – Klausenhof – Schaffhausen

 Länge:
28 Kilometer

 Zeit:
7 Stunden

 Informationen:
Tourismus Schaffhausen, Telefon
(00 41) (0) 5 26 25 51 41

deutendsten Renaissancefresken nördlich der Alpen. Sie stellen verschiedene Themen dar. Heute sieht man jedoch nur noch eine Nachbildung auf dem Haus. Das Original befindet sich im nahe gelegenen »Museum zu Allerheiligen«.

Einen Besuch wert sind die Sammlungen des Klosters Allerheiligen und die oberhalb der Stadt liegende Festung Munot aus dem 16. Jahrhundert. Die bekannteste Sehenswürdigkeit befindet sich außerhalb der Stadt: der Rheinfall von Schaffhausen – der größte Wasserfall Mitteleuropas.

Der Pilgerweg setzt sich von Schaffhausen in südöstlicher Richtung fort und erreicht nach etwa vier Tagesetappen Einsiedeln.

Der Kinzigtäler Jakobsweg

Von Horb bis Schutterwald
in sieben Etappen

er Schwarzwald stellte für die Menschen des späteren Mittelalters ein erhebliches Hindernis dar. Dichte Wälder, tiefe Schluchten, reissende Bäche und nicht zuletzt steile Aufstiege erschwerten das Vorwärtskommen erheblich. Was für einen Jakobspilger noch machbar war, zwang dem Händler, der Wirtschaftsgüter mit sich führte, eine Menge Schweiß ab. Daher wurden die Bäche und Flüsse mit ihren Wassermassen als wichtige Verkehrswege genutzt.

Die 95 Kilometer lange Kinzig entspringt südlich von Freudenstadt im Schwarzwald und mündet unterhalb von Kehl in den Rhein. Sie entwässert den mittleren Schwarzwald. Die größte Tallandschaft des Schwarzwalds diente schon den Römern als wichtige Verkehrsachse. Jahrhundertelang wurden schwere Baumstämme auf den Wasserwegen bis nach Holland geflößt. Heute noch sind in den Seitentälern Reste der Stauanlagen erkennbar. Nach dem Öffnen der Stauwehre konnten die plötzlich abfließenden Wassermassen die Stämme mitreißen. Nachdem die Konkurrenz von Eisenbahnen und Schwerlasttransportern zu groß geworden war, musste die Flößerei aufgegeben werden.

 Gesamtstrecke: 128 Kilometer

 Karten: Wanderkarten 1 : 50 000 des Landesvermessungsamts Baden-Württemberg in Zusammenarbeit mit dem Schwarzwaldverein, Blatt 4 und 5.

Schon immer haben sich Menschen gern dort niedergelassen, wo es Wasser und Wege gab. Doch das ist nicht allein der Grund, warum im Kinzigtal im Lauf der Jahrhunderte zahlreiche Städte entstanden sind. Der Reichtum an Holz und Bodenschätzen zog

*Gedenkstein
von 1993 am
Kinzigtäler
Jakobsweg*

die Menschen an, und die Wasserkraft lieferte die nötige Energie
– etwa für Sägewerke.

Neben dem Kinzigtal bietet sich für die Durchquerung des
Schwarzwalds das Höllental an, das nach Freiburg führt. Beide
Wege wurden vermutlich gerne von Jakobspilgern benutzt, die
sich die vorhandene Infrastruktur zugute kommen ließen. In der
Rheinebene boten sich die links- und rechtsrheinischen Handelswege nach Basel an. Weiter führte der Weg entweder durch die
burgundische Pforte über Belfort zur Rhône oder über Fribourg
nach Genf.

Die Jakobs-Patrozinien der Kirchen in Loßburg, Wolfach, Gengenbach und Schutterwald lassen die Vermutung zu, dass diese

»Da du Sankt Jakob mögest mit Andacht finden«

Nach dem Pilgerführer des Hermann Küng von Vach von 1495 galt es für den Pilger, Folgendes zu beherzigen:

»Zu dem ersten wenn du willst losgehen,
so sollst du Gott um seine Hilfe bitten
Danach Maria aller Gnaden Schrein
Dass sie dir wollen fröhlich helfen dahin
Da du St. Jakob mögest mit Andacht finden
Maria mit dem lieben Kinde
Römische Gnade und Ablass zu verdienen
Dass du mögest behütet werden vor der Hölle Pein
Darum sollst du es fröhlich anfangen und erst zu den
     Einsideln gehen.
Da findest du römische Gnade über alle Maßen
Da kommst du dann auf die obere Straß
Darauf findest du viel Heiliger Stätten
Danach manchem Bruder das Herz übergeht.«

Kirchen Stationen eines Pilgerwegs durch das Kinzigtal gewesen sein könnten. Auch gibt es Aufzeichnungen von Pilgerfahrten einiger Haslacher und Zeller Bürger, die diese Annahme untermauern. Ehemalige Santiagopilger um den Schwarzwälder Kurt Klein haben 1992 begonnen, einen Jakobsweg durch das Kinzigtal zu markieren. Es ist beileibe nicht die kürzeste Streckenführung, der Wanderer wechselt ständig die Talseiten und muss kräftig ausschreiten um Höhe zu gewinnen. Dafür wird er aber durch einen weiten Blick, den Klang der Stille und durch eine überquellende Natur reichlich belohnt. Der Gang durch das Kinzigtal soll, so formuliert es einer der Begründer, »ein geistiger Nachvollzug der Reise nach Santiago sein« (Kurt Klein) und dem Wanderer einen Ausstieg aus seinem Alltag ermöglichen. Der Kinzigtäler Jakobsweg ist durch die Verlängerung des Weges nach Norden hin nun Teil des europäischen Wegenetzes geworden, welches bis vor die Kathedrale von Santiago de Compostela führt.

Durch diesen Weg angeregt schuf später eine Gruppe begeisterter Jakobsanhänger um den Ihlinger Albert Eberhardt einen nordöstlichen Zugang von Horb nach Loßburg. Auch auf diesem Streckenabschnitt lassen sich einige bedeutsame Stationen der Jakobsverehrung festmachen: So war die Jakobuskirche in Ihlingen einst die Mutterkirche von Horb. In Leinstetten findet sich die Stiftung eines Jakobspilgers, der sich um 1550 auf den Weg nach Santiago machte und nie wieder zurückkehrte. Sein Testament verhalf der Kirchengemeinde zu einem erklecklichen Erbe. In Rodt, einem Ortsteil von Loßburg, gab es eine Jakobuskirche, die aber Anfang der dreißiger Jahre niedergerissen wurde. In Loßburg selbst zeugt noch eine zum Bürgerhaus profanierte Jakobuskirche vom Jakobskult im Schwarzwald.

Erste Etappe: Horb – Loßburg

Ausgangspunkt dieses Weges ist die Liebfrauenkirche in Horb. Ihr Vorläuferbau wurde um das Jahr 1280 vom Kloster Reichenbach begonnen. Im Volksmund wird sie auch »Kappel« genannt. Im Inneren findet sich neben kostbaren Fresken auch ein geschnitzter gotischer Flügelaltar, in dem die Marienkrönung dargestellt ist. Er stammt aus der Zeit um 1520. Gestiftet wurde er von den Horber Tuchmachern.

Wegstrecke:
Horb – Horb-Ihlingen – Dornhan-Leinstetten – Loßburg

Länge:
26 Kilometer

Zeit:
6 Stunden

Informationen:
Tourist-Information Loßburg,
Telefon (0 74 46) 9 50 60

Auf der rechten Seite steht Johannes der Täufer, und auf der linken Seite des Altars finden wir eine Figur des Jakobus. Der rechte Seitenaltar zeigt die Enthauptung des Apostels und oben links die in vielen Varianten verbreitete und häufig dargestellte Legende des Hühner- oder

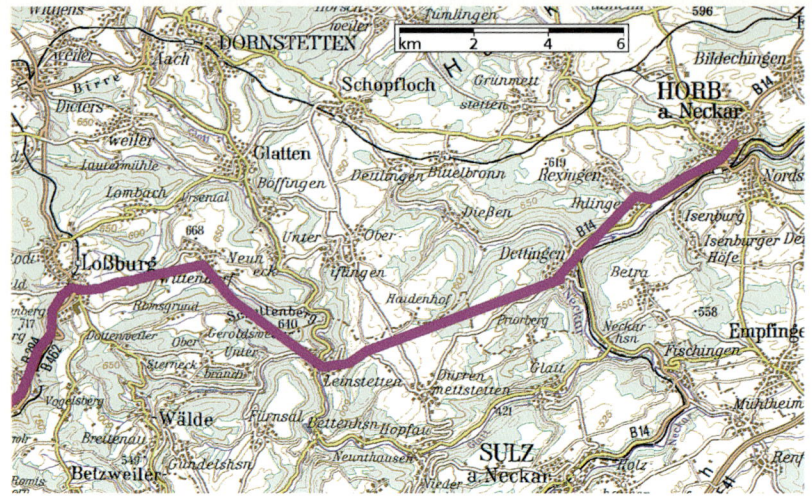

Galgenwunders von Santo Domingo de la Calzada (siehe Seite 28). An der Wand finden sich zahlreiche spätmittelalterliche Grabdenkmäler von Horber Bürgern, die aus der 1852 abgebrochenen Johanniskirche stammen.

Kurz vor der Panoramastraße stößt man auf die alte Bezeichnung »Pilgerweg«. Nahe dem Gasthof »Zum Sankt Jakobusbad« stand einst eine Siechenkapelle (erwähnt 1383) mit einem Nikolausaltar. Dort wurden sicherlich auch bedürftige und kranke Pilger aufgenommen. Nach etwa 50 Minuten und drei zurückgelegten Kilometern erreichen wir *Ihlingen*.

Ehemals war die Jakobuskirche in Ihlingen die Mutterkirche von Horb. Einzelne Teile stammen noch aus dem 12. und 13. Jahrhundert. Die Scheiben eines gotischen Fensters an der Ostseite lassen sich in das 14. Jahrhundert zurückdatieren. Das Kirchenpatrozinium ist seit 1400 nachweisbar. In der Kirche findet der Wanderer eine freundliche Statue des Jakobus. Diese Figur, in den Jahren 1680 bis 1690 entstanden, stammt vermutlich aus der Rottenburger Werkstatt des Heinrich Carl Amrein (1651–1731). Der Kopf wurde mit großer Wahrscheinlichkeit erneuert, da er wesentlich jüngeren Datums ist.

Eine Urkunde von Papst Clemens XII vom 9. Oktober 1739 gewährte den Kirchenbesuchern, wie in vielen anderen Jakobskirchen, am Jakobustag einen Ablass.

Der heilige Wendelin

Die reiche legendarische Überlieferung überdeckt die historischen Züge jenes Einsiedlers Wendelin, nach dem die saarländische Kreisstadt Sankt Wendel benannt ist. Als gesichert darf jedoch gelten: Wendelin lebte in der zweiten Hälfte des sechsten Jahrhunderts als Einsiedler im so genannten »Waldgebirge« Vosagus, einem Gebiet, das bis in den vorderen Hunsrück reichte und damit wesentlich größer war als die heute so bezeichneten Vogesen. Die Legende machte Wendelin zum Königssohn sowie zum Abt des Klosters Tholey im heutigen Saarland.

Auf einer Reise suchte Wendelin viele Stätten auf, um einen Platz zu finden, an dem er Gott ungestört dienen konnte. Dabei traf Wendelin auf einen Edelmann, der ihn bat, sein Vieh zu hüten. Wendelin diente als Hirte dem Mann, der angesichts der Demut und Frömmigkeit des Einsiedlers zu der Überzeugung kam, seiner Dienste unwürdig zu sein. Er zeigte dem Einsiedler einen abgelegenen Ort und baute ihm dort eine Zelle.

Der Heilige wird bei Viehseuchen um Hilfe angerufen; seine Attribute sind Schaf und Ochse.

Der Weg steigt nun an und wir erreichen nach zehn Kilometern, also etwa zweieinhalb Stunden Gehzeit, *Kaltenhof*.

Die Wendelinkapelle in Kaltenhof wurde 1714 neu erbaut, der Vorgängerbau war dem Heiligen Kreuz geweiht gewesen. Das Standbild des heiligen Wendelin zeigt die typischen Attribute des Jakobus, es handelt sich also vermutlich um eine umgearbeitete Jakobsfigur.

Nach weiteren zwei Kilometern und etwa 30 Minuten Gehzeit erreichen wir nach einem steilen Abstieg *Leinstetten*.

Die Marienkirche in Leinstetten ist die Stiftung eines Jakobspilgers, der von der Pilgerfahrt nach Spanien nicht mehr zurückgekehrt war. Hans Marx II. von Bubenhofen (gestorben 1550) war nach dem frühen Tod seiner Ehefrau nach Santiago de Compostela aufgebrochen. Vor seiner Abreise machte er ein Testament und hinterließ zu Gunsten der Pfarrei 7000 Gulden. Davon sollte ein Jakobusaltar errichtet und ein Spital gegründet werden.

Sein Nachruf kann auf dem Epitaph (Grabmal) rechts vom Altar der Kirche gelesen werden: ANNO DOMINI 1550 AVF DEN AVF-FARTAG CHRISTI STARB DIE EDEL VUND DVGENT REICH FRAW CHATHARINA VON BVOBENHOVEN GEBORNE VON HOHEN-RECHBERG IST NACH DISEM ABLEIBEN IN GEMELTEM IAR DEN ANDERN DAG NACH DER HAILIGEN DREIFALTIGKAIT HAT IM DER EDEL VND VEST HANS MARX VON BVOBENHOVEN ZVO LEINSTETTEN IR LIEBER IUNCKER VND EHGEMAHEL EIN RAISS ZVO DEM LIEBEN SANCT IAKOB ZVO COMPOSTEL FIRGENO-MEN VND ALSO AVF DEM WEG VERSCHIDEN DEREN BEDEN ABGESTORBNEN SELEN DER BARMHERZIG GOTT EIN FRÖLI-CHE AVFERSTEHVUNG VERLEIHEN WOLLE AMEN.

Auf der linken Seite des Altars steht eine barocke Jakobusfigur, deren Herkunft ungewiss ist.

Jakobsfreunde der Region haben auf dem »Unteren Kapf« ein Pilgerkreuz in Andenken an den Jakobsbruder Hans Marx aufge-richtet. Es ist dem eisernen Gipfelkreuz auf dem Rabanal-Pass in Spanien nachempfunden.

In beständigem Auf und Ab erreichen wir nach elf Kilometern und über zweieinhalb Stunden Fußmarsch *Loßburg*.

Loßburg wird in einer Urkunde des Archivs von Sankt Paul in Kärnten im Jahre 1282 erstmals genannt. Sowohl der Ortsname selbst wie ein heute noch sichtbarer »Schloßbuckel« halten die Erinnerung an die 1272 erbaute Burg wach. Während einer Bau-maßnahme wurde das Fundament eines mächtigen Rundturmes entdeckt.

Von 1499 stammt eine Jakobskirche, die auf eine Vorgänger-kirche gebaut wurde. Es existiert eine Urkunde, in der ein gewisser Hanß von Brandeck zu seinem eigenen Seelenheil jährlich 27 Heller Zins aus seinem Gut in Schömberg dem »lieben« Sankt Jakob von Loßburg spendet. Die alte Kirche wurde 1833 durch eine neue ersetzt. Aus dem Jahre 1499 sind ein Tabernakel und zwei Schlusssteine erhalten. Sie finden sich in einem nahe gelegenen Wohnhaus, welches heute der Gemeinde gehört. Einer der Schlusssteine zeigt eine Darstellung des Jakobus, er ist in einer Garage vermauert. Die Kirche ist inzwischen profaniert und zu einem Bürgerhaus umgewidmet worden.

Auch in dem Teilort *Rodt* stand einst eine Jakobskapelle. Errichtet wurde sie im Jahr 1520, abgebrochen in den Jahren 1932/33.

Zweite Etappe: Loßburg – Schenkenzell

Für den 8,5 Kilometer langen Weg nach Alpirsbach muss eine Wanderzeit von etwa zwei Stunden einkalkuliert werden. Der Weg führt meist neben der Kinzig entlang und ist leicht zu begehen.

Wegstrecke: Loßburg – Alpirsbach – Schenkenzell

Länge: 14 Kilometer

Zeit: 3$^1/_2$ Stunden

Informationen: Tourist-Information Alpirsbach, Telefon (0 74 44) 9 51 62 81

Bedeutsamstes historisches Bauwerk in Alpirsbach ist die ehemalige Benediktinerabtei, die von Mönchen des Klosters Sankt Blasien 1095 gegründet wurde. Die romanische Klosterkirche, eine Säulenbasilika, ist eine der wenigen unversehrt gebliebenen Schöpfungen der Hirsauer Baukunst. Vom einstigen, in der Reformation 1535 aufgehobenen Kloster sind noch der gotische Kreuzgang (1483), der Kapitelsaal, der Konventsaal und das Dormatorium, der Schlafsaal der Mönche, erhalten geblieben. Im ehemaligen Refektorium (Speisesaal) befindet sich heute die katholische Kirche Sankt Benedikt, während die evangelische Kirchengemeinde ihre Gottesdienste in der Klosterkirche abhält. Interessierte Besucher können sich in einer Dauerausstellung im Kloster über die Geschichte informieren (geöffnet vom 15. März bis 1. November: Samstag 9–17 Uhr, Sonntag 11–17 Uhr und vom 2. November bis 14. März: Donnerstag und Samstag 13.30–15 Uhr).

Spuren des Jakobus finden sich in einem Schlussstein im Netzgewölbe im Ostteil des Kreuzgangs. Dort ist Jakobus mit der Mu-

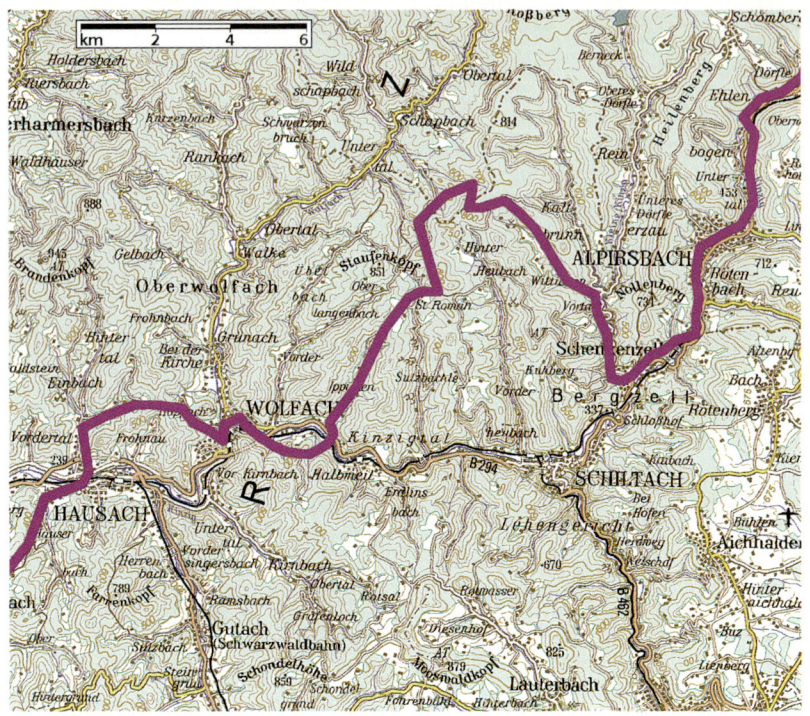

schel abgebildet. Eine weitere Jakobusfigur kann man im Museum für Stadtgeschichte besichtigen (geöffnet von Ostern bis Ende Oktober: Donnerstag, Samstag, Sonn- und Feiertage 14–17.30 Uhr).

Nach einer Strecke von 5,5 Kilometern und eineinhalb Stunden Gehzeit – meistens in der Nähe der Kinzig – erreichen wir *Schenkenzell*.

Der Weg führt durch Schenkenzell an der Ulrichskirche vorbei. Der heilige Ulrich kann an seiner pontifikalen Messkleidung, dem Krummstab, aber besonders an dem Buch mit dem darauf liegenden Fisch erkannt werden. Der Heilige wird erst ab dem 14. Jahrhundert mit dem Fisch dargestellt. Die Legende erzählt, dass Ulrich an einem Freitagmorgen einem Boten als Botenlohn ein am Vorabend nicht verzehrtes Gänsebein reichte. Der Bote brachte es dem Herzog, um den Bischof des Unrechts zu überführen, er esse am Freitag Fleisch. Als der Herzog das Gänsebein aus der Umhüllung nahm, hatte es sich jedoch in einen Fisch verwandelt.

Dritte Etappe: Schenkenzell – Wolfach

Für den sechs Kilometer langen Weg nach Wittichen müssen etwa zwei Stunden Gehzeit gerechnet werden. Der Weg steigt zum Teil steil an: Er beginnt bei einer Höhe von 360 Metern und erreicht beim Teufelstein 750 Meter Höhe.

In Wittichen geht es weiter zu den Resten der Klosteranlagen. Im Jahre 1325 hatten 34 Klarissinen das neu errichtete Kloster bezogen. Gegenüber der Kirche findet sich im Pferdestall ein Museum.

Auf der »Salzlecke«, wo sich mehrere Wege kreuzen, ist ein eisernes Kreuz aufgestellt, welches dem Kreuz auf dem Rabanal-Pass nachempfunden wurde.

Etwa auf halber Strecke, nach weiteren fünf Kilometern, führt der Weg an der Wallfahrtskapelle Sankt Roman vorbei. Schon 1360 wurde sie erstmals erwähnt. Die heutige Form erhielt die Kirche in den Jahren 1922 und 1923.

Nach zehn Kilometern und etwa zweieinhalb Stunden Gehzeit kommt man nach *Wolfach*.

Die Jakobuskirche von Wolfach liegt unweit der Stadt im Wald. Schon von weitem ist die kleine Kirche mit dem Mesnerhaus am Berghang zu erblicken. Man überquert die Kinzig und steigt ein Stück Weg hinauf zur Kirche. Seit vielen Jahrhunderten ist die Kirche von Wolfach ein viel besuchter Anziehungspunkt für Wallfahrer. Hauptsächlich am Jakobstag drängen sich hier die Menschen. An anderen Tagen kann es dort oben sehr still sein.

Wegstrecke:
Schenkenzell –
Schenkenzell-
Wittichen – Wolfach-Sankt
Roman – Wolfach

Länge:
21 Kilometer

Zeit:
6 Stunden

Informationen:
Tourist-Information
Wolfach,
Telefon (0 78 34) 1 94 33

Folgendes soll sich in der Entstehungszeit zugetragen haben: Beim Fällen eines Baumes wurde eine Holzstatue entdeckt, die noch heute in der Kirche zu sehen ist. Daraufhin wurde von einem Bruder Conrad von Kalbs 1433 eine Kapelle an der Fundstelle der Holzstatue errichtet. Um 1540 wurde sie in den Wirren der Reformation zerstört.

Über hundert Jahre hat es gedauert, bis die Kapelle 1660 wieder neu errichtet wurde. Die Konsekration fand am Jakobstag 1664 durch den Bischof Franz Johann Vogt von Alten-Sommerau und Praßberg statt.

Das verschollene alte Gnadenbild wurde ald danach in einem Brunnen wieder entdeckt. Schon im Jahr der Weihe, 1664, gründete sich eine Bruderschaft zum heiligen Apostel Jakobus, die mit ihren Gebeten um einen guten Tod »für die in Todesnöthen liegenden Brüder und Schwestern« bitten wollten. Schon 1680 hat man die Kirche wieder abgerissen und durch eine noch größere, 1685 geweihte, ersetzt.

An der Außenfassade ist ein rundbogiges Portal und darüber, wie ein Schwalbennest angeklebt, eine aus Sandstein gehauene Außenkanzel angebracht. Darunter befindet sich die Statue des Kirchenpatrons Jakobus aus Ton.

Deutlich sichtbar ist die Lebendigkeit des Jakobskult im Kinzigtal. Die Wolfacher Jakobskapelle war und ist seit vielen hundert Jahren religiöser Anziehungs- und Wallfahrtsort für die Bewohner der umliegenden Gemeinden. Bei Erweiterungsarbeiten wurde eine Quelle am Fuße des Berges durch die Schwestern des Klosters Wittichen zu einem Wallfahrtsbrunnen gestaltet.

Der Weg nach Wolfach führt über den »Jacobusweg« hinab in das Zentrum von Wolfach.

Vierte Etappe: Wolfach – Haslach im Kinzigtal

Von Wolfach aus führt der Weg weiter Richtung *Hausach*. Wir erreichen nach acht Kilometern und zwei Stunden Gehzeit den Ort, durchqueren ihn und befinden uns wieder auf dem so genannten Hansjakobweg.

Heinrich Hansjakob (1837–1916), Pfarrer und Schriftsteller, hat uns aus dem 19 Jahrhundert einige interessante Milieuschilderungen des bäuerlich-bürgerlichen Alltags überliefert. In seinem Buch

Der heilige Jakob mit Stab, Kalebasse und Muschel am Hut in der Kirche Sankt Jakob in Wolfach

»Im Paradies« finden wir in einem Lied einen Hinweis auf die Jakobspilger:

> Wir wollens uns aufmachen zum Reisen,
> fort und fort und gar weit fort,
> wohl in ein unbekanntes Ort,
> nach Sankt Jakobi wollens reisen,
> wird es heißen.

Die heilige Afra

Der Legende nach war Afra die Tochter des Königs von Zypern und kam um die Mitte des 3. Jahrhunderts mit ihrer Mutter Hilaria nach Augsburg, wo sie als gewerbsmäßige Dirne lebte. Bei Ausbruch der Christenverfolgung unter Diokletian suchte der Bischof Narzissus in ihrem Haus Zuflucht. Er bekehrte Afra zum Christentum und taufte sie. Weil sie sich in Zeiten der Christenverfolgung mutig zu ihrem Glauben bekannte, wurde sie um das Jahr 304 zum Feuertod verurteilt und verbrannt. Sie wird deswegen gegen Feuersnot angerufen.

Am Weg liegt der Käppeleshof. Dort steht eine kleine Kapelle, die 1738 von dem Hofbauer Jakob Bächle errichtet wurde. In ihr befinden sich neben zwei Wendelinstatuen auch eine Jakobusstatue in voller Pilgertracht.

 Wegstrecke:
Wolfach – Hausach (Schwarzwaldbahn) – Mühlenbach – Haslach im Kinzigtal

 Länge:
19 Kilometer

 Zeit:
5 Stunden

 Informationen:
Tourist-Information Gastliches Kinzigtal, Haslach, Telefon (0 78 32) 97 92 92

Nach weiteren sechs Kilometern und beinahe zwei Stunden kommen wir nach *Mühlenbach,* die nächste Station des Wegs. In der Ortsmitte von Mühlenbach steht eine Kirche, die der heiligen Afra geweiht ist. Im Innenraum finden wir auf dem rechten Seitenaltar eine Statue des Jakobus.

Von Mühlenbach aus führt der Weg weiter nach *Haslach.* In einem der ältesten Kirchenbücher der Gemeinde Haslach ist vermerkt, dass am 11. März 1610 die Söhne der »Hosenstrickler« Laux Schierer und Hanß Dolden zu einer Wallfahrt nach Santiago aufbrachen. Da es keine weiteren Einträge gibt, können wir von einer gesunden Rückkehr der Jakobspilger ausgehen.

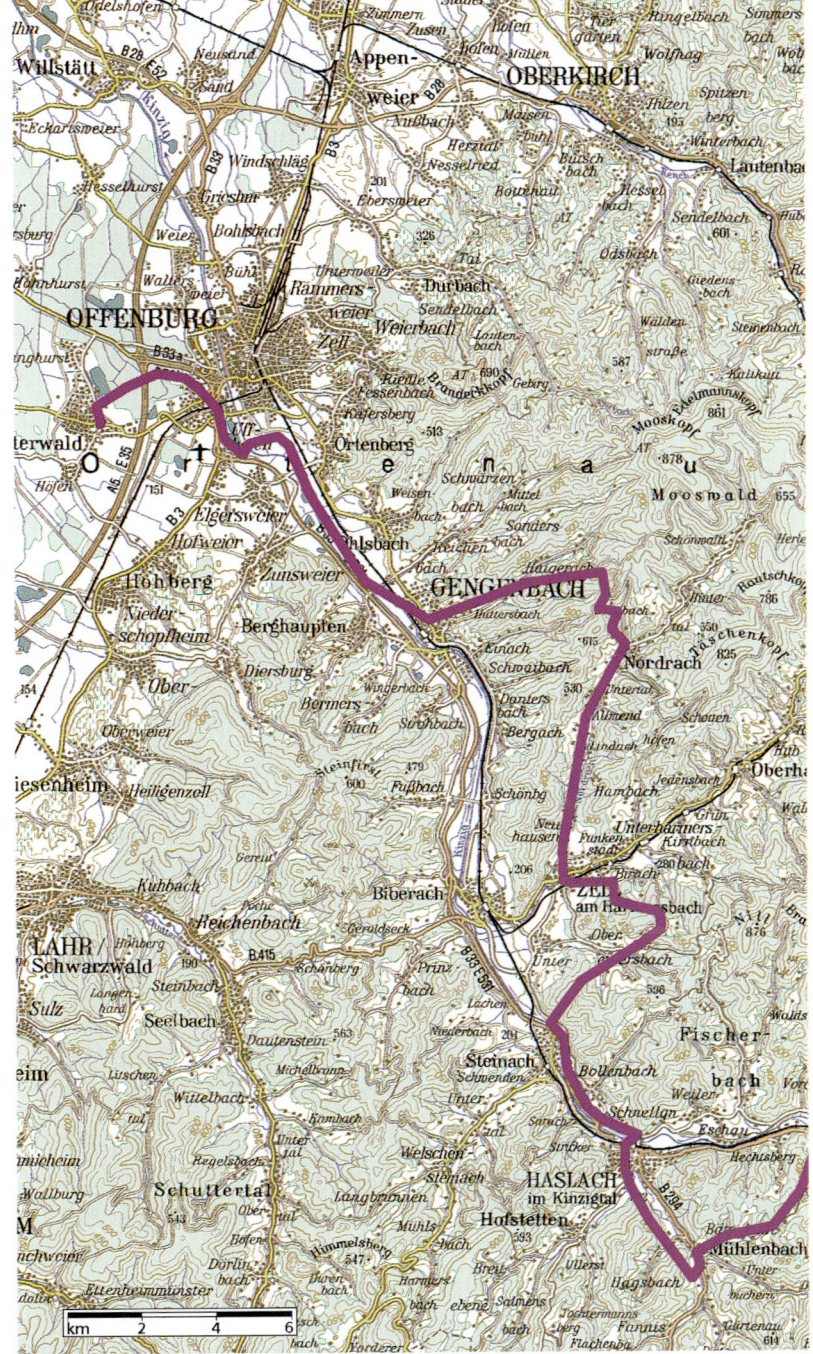

Wegzeichen am Jakobsweg

Auf dem Weg kommen wir an der 1990 wieder vollständig neu errichteten Mühlenkapelle vorbei, in deren Innenraum wir eine Jakobusfigur finden.

Fünfte Etappe:
Haslach im Kinzigtal – Zell am Harmersbach

Auf dieser Etappe erwarten uns steile Aufstiege.

In *Zell am Harmersbach* besteht seit dem Ende des 15. Jahrhunderts eine Wallfahrtskirche »Maria zu den Ketten«. Der Legende nach hat ein von Mauren gefangen gehaltener Kreuzfahrer während seiner Haft die Mutter Gottes angerufen und ein Gelübde getan, dass er, nach einer glücklichen Rückkehr in die Heimat, seine Ketten vor dem Marienbild in Zell ablegen wolle. Er wurde erhört, konnte sich aus seiner Gefangenschaft befreien und zurückkehren.

 Wegstrecke:
Haslach im Kinzigtal – Steinach – Zell am Harmersbach-Oberentersbach – Zell am Harmersbach

 Länge:
19 Kilometer

 Zeit:
5 Stunden

 Informationen:
Kultur- und Verkehrsamt Zell am Harmersbach, Telefon (0 78 35) 63 69 47

Ein Hinweis auf die Pilgerfahrt nach Santiago de Compostela von vier Zeller Bürgern ist erhalten geblieben: 1610 ersuchten der Maurer Paulus Ritt, der Bäcker Jacob Lehmann, Dieboldt Erb und etwas später Hans Sohler den Gemeinderat um die Genehmigung, zu Sankt Jakob nach Santiago zu ziehen. Die vor der Abreise angefertigten Testamente sind zum Teil noch erhalten.

Sechste Etappe: Zell am Harmersbach – Gengenbach

Von Zell am Harmersbach erreichen wir nach 15 Kilometer Weg *Gengenbach.*

Schon von weitem fällt uns die Gengenbacher Jakobskapelle ins Auge. 1289 wird sie »Capella santi Jacobi in Monte Castellberg« genannt. Sie steht auf der als »Gengenbacher Bergle« bezeichneten, von Weinbergen umgebenen Erhebung neben der tiefer gelegenen Altstadt. Die Jakobskapelle, so wie sie heute zu sehen ist, stammt aus dem Jahre 1682. Auf dem Altar steht links die barocke Statue mit Jakobus als Pilger und rechts der Bischof Apollinaris. Jener ist der Legende nach ein von Petrus selbst ausgesandter Glaubensbote, der zwanzig Jahre lang in Ravenna gewirkt hat. Statuen aus dem 16. Jahrhundert zeigen ihn in Pontifikaltracht mit Buch und Stab.

Wegstrecke:
Zell am Harmersbach – Gengenbach

Länge:
15 Kilometer

Zeit:
4 Stunden

Informationen:
Tourist-Information Gengenbach,
Telefon (0 78 03) 1 94 33

Gengenbach selbst ist ein altbesiedelter Ort. Viele Funde, unter anderem eine reich verzierte Votivsäule, Münzen und ein 1974 freigelegter Ziegelofen belegen eine Römersiedlung von 73 bis 260 n. Chr. Die bedeutende Römerstraße von Straßburg nach Rottweil führte durch Gengenbach. 200 Jahre lang hatten die Alemannen die Oberherrschaft, bis sie sich König Chlodwig im Jahre 486 unterwarfen. Die Christianisierung vollzog sich unter dem fränkischen Herzog Ruthard. Dieser betraute damit den Missionsbischof Pirmin, der um 725, nach dem Kloster Reichenau, die Benediktinerabtei Gengenbach gründete. Das Kloster war Eigenkloster des Königs, der dazu umfangreiche Ländereien stiftete. Um die Klostermauern ließen sich viele Handwerker und Bauern nieder, die hier einen sicheren Arbeitgeber fanden. Die Entwicklung führte 1230 zur Verleihung der Stadtrechte durch den damaligen Abt Lambert von Brunn, der zugleich Bischof von Brixen, Speyer, Straßburg und Bamberg war. Als Berater von Kaiser Karl IV. gelang es ihm, die Orte Gengenbach, Zell und Offenburg im Jahre 1360 dem Kaiser direkt zu unterstellen, der ihnen die unmittelbare Reichsfreiheit verlieh. Große Unruhen brachten im 16. Jahr-

Kirche Sankt Jakob, Gengenbach

hundert die Reformation und später die Gegenreformation. Heute ist Gengenbach immer einen Besuch wert. In den Sommermonaten wird vor der Rathauskulisse Theater gespielt.

Siebte Etappe: Gengenbach – Schutterwald

Der Weg von Gengenbach nach Schutterwald verläuft erst einige Zeit auf dem Kinzigdamm, passiert das Schloss Ortenburg und später die Stadt Offenburg. Nach einer Autobahnunterquerung erreichen wir Schutterwald.

Der Ort wurde 1293 als Rodungssiedlung gegründet. Hier, an der nun vorläufig letzten Station des Kinzigtäler Jakobswegs, finden wir eine Jakobuskirche. Ihre erste urkundliche Erwäh-

Wegstrecke:
Gengenbach –
Schutterwald

Länge:
14 Kilometer

Zeit:
3 Stunden

Informationen:
Stadtverwaltung
Schutterwald,
Telefon (07 81) 9 60 60

Die Jacobs Brüder

In seiner »Eigentlichen Beschreibung Aller Stände auf Erden ...« vom Jahre 1568 schildert Hans Sachs einen anderen Pilgertypus:

Die Jacobs Brüder

Wir Jacobs brüder mit grossem hauffen
Im Land sind hin und her gelaufen/
Von Sanct Jacob/ Ach und gen Rom
Singen und bettlen one schom/
Gleich anderen presthafften armen/
Offt thut uns der Bettel Stab erwarmen
In Händen/ alsdenn wir es treibn
Unser lebtag faul Bettler bleibn.

nung ist von 1478, die jetzige Kirche wurde zwischen 1780 und 1786 fertig gestellt. Auch das Altenheim trägt den Namen Sankt Jakob.

Die Pilger bogen ab hier mit großer Wahrscheinlichkeit nach Süden hin ab. Vielleicht ließen sich einige von der heiligen Odilie in die Vogesen auf den Odilienberg locken. Aus alten Reisebeschreibungen lässt sich entnehmen, dass es Wirtschafts- und Handelswege auf beiden Seiten des Rheins gab. Ein für den Pilger nahe liegendes Ziel war Freiburg, und später ging es weiter in Richtung Basel. In der Villinger Kapelle des Freiburger Münsters befindet sich eine Glasmalerei mit der Darstellung eines segnenden Jakobus von 1524. Dargestellt ist der Stifter Jacob Villinger von Schönenberg und seine Ehefrau. Er war Schatzmeister von Kaiser Maximilian und Karl V. Das Ehepaar empfängt von Jakobus den Segen zum Antritt einer Pilgerfahrt. Sie tragen noch keine Muscheln, weil diese erst in Santiago de Compostela erworben werden, wohl aber als Wallfahrtssymbol zwei gekreuzte Wanderstäbe.

Der Jakobsweg im Landkreis Konstanz

Von Mindersdorf nach Konstanz in sieben Etappen

m Bodenseeraum wurde Jakobus schon sehr früh verehrt. Vielfältige Hinweise und Belege sowie zahlreiche Reliquien in Kirchen und Klöstern deuten auf ein lebhaftes Interesse und eine starke Anteilnahme an den Pilgerfahrten hin. Leider sind nur wenige sichtbare Zeugnisse erhalten geblieben. Klöster wurden säkularisiert und umgewidmet, Kirchen renoviert oder gar ganz neu errichtet. So sollen Fresken des Hühnerwunders (siehe Seite 28) die Kirche von Wollmatingen geziert haben, leider ist davon nach der letzten Renovierung vom Anfang des letzten Jahrhunderts nichts mehr übrig geblieben.

Zahlreiche, wichtige und wirtschaftlich bedeutende Handelswege durchschneiden die nordwestliche Bodenseeregion. So führte einst eine bedeutende Poststraße durch Stockach. Auch von einem römischen Heerweg wird berichtet, auf welchem man aus nordöstlicher Richtung nach Schaffhausen gelangen konnte.

 Gesamtstrecke: 51 Kilometer

 Karten: Wanderkarte 1 : 50 000 des Landesvermessungsamts Baden-Württemberg in Zusammenarbeit mit dem Schwarzwaldverein, Blatt 10.

 Die Teilstrecken sind zwar reichlich lang, aber die Wege steigen nur selten schweißtreibend an. Auch ist die Versorgungslage durch Gasthöfe erfreulich gut, so dass nur wenig Verpflegung mitgetragen werden muss.

Da nun im Hegau viele Pilgerwege zusammenführten, konnte der Flaschenhals, den Konstanz wegen seiner geografischen Lage zwischen Ober- und Untersee nun einmal bildete, zu einem wichtigen Treffpunkt der Santiagofahrer werden.

Doch wie gelangten die Jakobspilger nach Konstanz? Vermutlich sind die von Nordosten, der Schwäbischen Alb oder der oberen Donau kommenden Pilger zunächst über Mindersdorf nach Stockach gewandert. Aber es ist auch vorstellbar, dass manche in Richtung Schaffhausen weitergegangen sind. Doch der überwiegende Teil der Pilger wird über Radolfzell nach Konstanz gezogen sein. Der Weg wird dabei wahrscheinlich über den Bodanrück geführt haben, da das Seeufer früher verschlammt und sumpfig war. Die folgende Strecke bedient sich der vom Schwarzwaldverein gekennzeichneten Wege.

Erste Etappe: Hohenfels-Mindersdorf – Radolfzell-Liggeringen

Mindersdorf ist der Ausgangspunkt für den Weg nach Konstanz. Der Ort war schon im frühen Mittelalter eine wichtige Reisestation auf der alten Reichsstraße zwischen Ulm und Zürich. Er diente bereits den karolingischen Kaisern und Königen als Herberge. Wohl kein anderer Ort in dieser Region hatte in alter Zeit so viele belegbare kaiserliche Besuche wie Mindersdorf. Mindersdorf lag günstig und gestattete nach allen Seiten eine weite Sicht und damit eine bessere Kontrolle der Umgebung. Zwei Urkunden des Karolingers Karl III.

Karte: Links und auf dem Bodanrück der Jakobsweg im Landkreis Konstanz von Mindersdorf nach Radolfzell und weiter nach Konstanz, rechts der Jakobsweg im Linzgau von Pfullendorf nach Überlingen (siehe Seite 109).

von 883 für Sankt Gallen zeigen, dass hier ein Kaiser Station gemacht hatte. Wie in der Veröffentlichung der Gemeinde Hohenfels zur 1150-Jahr-Feier vermerkt ist, hat Kaiser Karl der Dicke am 13. Februar 883 hier dem Kloster Sankt Gallen das Recht der freien Abtswahl bestätigt.

Der alte Name »Muneresdorf« dieser in der fränkischen Ausbauzeit entstandenen Siedlung dürfte von einem Personennamen abgeleitet sein. Nachweislich seit 843 war Mindersdorf im Besitz des Klosters Reichenau. Auf Grund der Abmachungen von 997 hatte der Reichenauer Abt bestimmte Dienste und Lieferungen zu leisten, wenn ein König oder Kaiser in Mindersdorf Rast machte.

Die Wegmarkierungen beginnen bei der neugotischen Pfarrkirche Sankt Oswald, welche im Jahr 1847 erbaut wurde, aber noch einen Turm aus dem 15. Jahrhundert besitzt.

Der Jakobsweg führt von der Kirche weiter Richtung Rathaus. Bei der zweiten Abzweigung geht es nach links, und wir folgen der Kreisstraße nach Stockach. Etwa nach einem Kilometer beginnt der Wald. Nach einem weiteren Kilometer auf der ehemaligen Handelsstraße biegen wir links auf einen landwirtschaftlichen Fahrweg ab. Kurze Zeit später erreichen wir *Ursaul*. Dort wenden wir uns bei der kleinen Gaststätte nach links und folgen dem Fahrweg nach *Hengelau*. Nach dem ersten Gebäude biegen wir links ab, überqueren auf einem Feldweg Wiesen und Felder und betreten den Wald. Wir nehmen den linken Weg, folgen ihm abwärts und wechseln nach links auf den besser ausgebauten Waldweg. Nach einem großen Bogen stoßen wir erneut auf einen Waldweg, dem wir nur

Wegstrecke:
Hohenfels-Mindersdorf – Stockach – Ludwigshafen – Bodman – Radolfzell-Liggeringen

Länge:
22 Kilometer

Zeit:
6 Stunden

Informationen:
Gemeinde Hohenfels, Telefon (0 75 57) 9 20 60;
Verkehrsamt Stockach, Telefon (0 77 71) 92 02 40;
Verkehrsamt Bodman-Ludwigshafen, Telefon (0 77 73) 93 00 40

Der heilige Oswald

Der Jahrestag des heiligen Oswald ist der 5. August. Oswald, 603 geboren, wurde König von Northumbrien. Nach dem Tode seines Vaters floh er nach Jona, wo er sich taufen ließ. 634 eroberte er sein Land zurück und bemühte sich um die Christianisierung. Im Kampf gegen den heidnischen König Penda von Mercien verlor er 642 sein Leben. Schottenmönche brachten seine Legende nach Deutschland.

Als älteste Darstellung von ihm gilt eine Wandmalerei um 1150 in Stift Nonnberg in Salzburg. Dort wird Oswald in königlichem Gewand und Mantel mit Krone wiedergegeben. Die Märtyrerpalme deutet auf seinen Tod im Kampf gegen die Heiden hin. Später wird er meist durch Zepter, Reichsapfel und ein Wappen mit Lilien und Löwen als englischer König gekennzeichnet. Die Legenden berichten von seiner Mildtätigkeit: Als er während eines Festmahls erfuhr, dass Bettler vor dem Tor standen, ließ er Speisen herausreichen. Sogar die silberne Platte, auf der das Essen angerichtet war, wurde zerstückelt, um diese auch noch verteilen zu können. Eine Darstellung dieser Szene findet sich auf einem Deckengemälde in der Kirche Sankt Oswald in Otterswang bei Bad Schussenried. Der Heilige ist vor allem in ländlichen Gegenden beliebt, wo er als Patron der Schnitter und des Viehs angerufen wird und auch zu den »Wetterherren« gehört: Ernte und Aussaat richten sich gemäß alten Bauernregeln danach, welcher Wind am Oswaldtag weht.

kurz nach links folgen, um uns dann nach rechts zu wenden. Ab hier folgen wir dem Wanderweg des Schwäbischen Albvereins (Rechteck auf weißem Grund) und erreichen nach acht Kilometern und etwa zwei Stunden Gehzeit *Stockach*.

Die malerische Altstadt Stockachs, einst die befestigte Oberstadt, liegt nahe des Zusammenflusses von Stockacher und Mahlspürer Aach. Eine Ende des 13. Jahrhunderts begonnene Befestigung umschloss die Oberstadt in Form eines Vierecks. Davon sind nur noch wenige Reste erhalten geblieben.

Die Pfarrkirche Maria Himmelfahrt und Sankt Oswald wurde 1402 erbaut. 1704 wurde sie zerstört und an ihrer Stelle 1718 bis 1728 eine Barockkirche errichtet. 1932/1933 ersetzte man diese durch einen Neubau. Der Unterbau des Turmes ist alt.

Wie in der amtlichen Beschreibung des Regierungsbezirkes Freiburg vermerkt ist, sind drei Kapellen abgegangen, die den Heiligen Eulogius, Rochus und Sebastian geweiht waren. Auch die Jakobskapelle in Risstorf (1102/16 als Rustinesdorf erwähnt) existiert nicht mehr. Sie war 1353 Filiale von Bodman, wurde 1787 exsekriert und ist 1907 abgebrannt. Heute erinnert nur noch der Straßenname »Jakobsgutweg« an die ehemalige Jakobskapelle.

Wir folgen dem Zugangsweg zum Bodenseerundweg (gelb-blaue Raute auf weißem Grund), bleiben auf der Hauptstraße und passieren die Pfarrkirche mit ihrem hohen, im oberen Teil polygonalen Glockenturm mit Zwiebelhaube. Es geht weiter in Richtung Bahnhof. Wir überqueren die Ausfallstraße nach Ludwigshafen und folgen ihr nach links. Wenn wir an der Brücke der Aach angekommen sind, wenden wir uns nach rechts. Nach etwa einem Kilometer überqueren wir die Autobahn. Von dort aus folgen wir dem Weg nach links. Auf einem schmalen Waldweg, der sich nur eingeschränkt zum Radfahren eignet, setzt sich der Jakobsweg fort. Vom Spittelsberg haben wir eine prächtige Sicht auf den Überlinger See und bei bestimmten Wetterlagen auch auf die Alpen.

Wir folgen jetzt dem geteerten Weg nach Ludwigshafen. An der Friedhofskapelle wenden wir uns nach links und kurz danach wieder nach rechts in eine verkehrsberuhigte Straße. Vor dem Bahnübergang wenden wir uns nochmals rechts und erreichen nach sechs Kilometern und eineinhalb Stunden den Bahnhof von *Ludwigshafen.*

Dort finden wir den Anschluss an den Bodenseerundweg. Dessen Zeichen, einem blauen Rundpfeil, werden wir bis auf kurze Wegstrecken in Wollmatingen und Konstanz folgen.

Wir unterqueren die Geleise und bleiben am Ufer des Sees. Am Campingplatz biegen wir nach links ab, bewegen uns durch die Niederungen und über die Brücke der Stockacher Aach. Die-

*Fenster in der
Kirche Sankt
Peter und Paul
in Bodman*

ser Teil des Seeufers mit angrenzendem Feuchtgebiet ist eine
bevorzugte Brutstätte für seltene Wasservögel. Nach der Schranke
folgen wir links einem schmalen Pfad bis zum Sportplatz. Wir
erreichen nach vier Kilometern und einer Stunde Fußmarsch
Bodman.

Eine sehr beeindruckende Landschaft erstreckt sich zwischen
Bodman und Wallhausen. Am Ortsende findet sich das Schloss
der Herren von Bodman mit der Gräflichen von Bodmanschen

Verwaltung. Umrahmt wird es von Wein- und Obstanlagen. Sehenswert sind die steil zum Überlinger See abstürzenden Schluchten aus Molassegestein. Erwähnenswert ist ein Weg, der am See entlang, vorbei am Teufelstal, bis zur Marienschlucht führt.

Vor der Weiler Kapelle führt der Weg nach links und in der Ortsmitte geht die ansteigende Abzweigung nach rechts weiter. Dort beginnen wir mit dem Aufstieg, der sich im Wald fortsetzt. Wir passieren die Ruine Altbodman und erreichen das Gehöft von Bodenwald. Erst biegen wir nach rechts und dann gleich nach links ab. Wir treffen auf den Fahrweg, gehen durch Wäldchen und über Wiesen, und erreichen nach vier Kilometern und einer Stunde *Liggeringen*, ein Haufendorf auf dem Bodanrück, das bis 1806 zur bodmanschen Herrschaft Möggingen gehörte. Eine Pfarrei wird ab 1360/70 erwähnt, ein Patrozinium Sankt Verena schon 1296. Die Pfarrkirche Sankt Georg von 1711/17 ist heute Nordquerhaus der 1905 errichteten neuromanischen Kirche.

Zweite Etappe: Radolfzell-Liggeringen – Konstanz

Wir passieren die Kirche von Liggeringen und biegen kurz nach dem Ortsende rechts ab. Der Weg führt durch Wiesen und kleine Wälder, und es öffnet sich nach kurzer Zeit der Blick auf den Mindelsee. Der von Wiesen und Schilfdickichten umgebene See ist als Naturschutzgebiet ausgewiesen. Seltene Pflanzen, Libellen, Vögel und Frösche sind hier besonders zahlreich vertreten. Wir umqueren den See von Osten her und erreichen eine hohe Straßenbrücke. Der Weg nach links führt direkt nach Allensbach. Wir werden nach einem Besuch von Markelfingen und Radolfzell diese Stelle wieder passieren. Nach insgesamt sieben Kilometern und zwei Stunden Fußmarsch erreichen wir *Markelfingen*.

Die zwei ältesten Belege, in denen Markelfingen erwähnt wird, sind Fälschungen aus dem 12. Jahrhundert.

Wir besuchen die spätgotische Pfarrkirche Sankt Laurentius, die 1462 entstanden ist. Diese Zahl findet sich auf der Innenseite des Chorbogens. In einer späteren Umbauphase von 1612 (diese Jahreszahl ist über dem Eingangsportal vermerkt) entstanden die Seitenaltäre und die Wandbilder. Der Kirchenschatz, eine Turmmonstranz (1619) und ein Vortragskreuz (1624), wird am am 10. August, dem Tag des heiligen Laurentius, der Öffentlichkeit gezeigt. Bei der Kirche handelt es sich um eine Saalkirche und einen Chorturm mit einem Oktogon aus dem 17. Jahrhundert. An der Südwand findet sich in der Reihe der Apostel auch eine Darstellung des Jakobus mit Pilgerattributen.

Wegstrecke:
Radolfzell-Liggeringen – Radolfzell-Markelfingen – Radolfzell – Allensbach – Konstanz-Wollmatingen – Konstanz-Allmannsdorf – Konstanz

Länge:
29 Kilometer

Zeit:
$7^1/_2$ Stunden

Informationen:
Kultur- und Verkehrsbüro Allensbach, Tel. (0 75 33) 63 40; Verkehrsamt Konstanz, Telefon (0 75 31) 13 30 30

Verkehrsanbindung:
Seehas-Bahn von Konstanz nach Stockach

In Deutschland taucht die Darstellung des heiligen Laurentius ab dem 13. Jahrhundert vermehrt auf. Er ist ein sehr beliebter Märtyrer, der oft mit einem Feuerrost oder mit Evangelienbuch, Palme und einem Geld- oder Brotbeutel gezeigt wird. Er starb den Märtyrertod, als er dem Auftrag des hingerichteten Papstes Sixtus II. folgte, den Kirchenschatz an die Armen zu verteilen. Für Markelfingen berichtet die Legende, dass am Laurentiustag eine Schlacht siegreich beendet und Laurentius deshalb als Kirchenpatron erwählt wurde.

Der Weg macht nun einen kurzen Abstecher nach Radolfzell. Nach einer Abzweigung nach rechts verlassen wir den Ort und wandern durch Streuobstwiesen, umrunden einen Steinbruch und erreichen nach vier Kilometern und einer Stunde *Radolfzell*.

Radolfzell verdankt seinen Namen dem alemannischen Bischof Radolt von Verona, der hier 826 auf Reichenauer Gebiet eine Klause und eine Kapelle errichtete. Der Ort wurde bald Wallfahrtsziel zu Ehren der Märtyrer Senesius und Theopont. Dieser Stadtheiligen von Radolfzell wird alljährlich am dritten Sonntag im Juli mit dem Hausherrenfest gedacht. Um 1100 erhielt Radolfzell

Marktrecht und 1267 Stadtrecht. Durch Verkauf gelangte es 1298 an Österreich, das hier einen Stützpunkt unterhielt. Früh zu einem Zentrum des Hegau-Adels und zu einem Umschlagplatz für Getreide geworden, wurde Radolfzell 1415 freie Reichsstadt.

Im Zentrum finden wir das Münster. An der Stelle der von Bischof Radolt von Verona errichteten Zelle erhebt sich heute eine dreischiffige, gotische Pfeilerbasilika, die zwischen 1436 und 1466 erbaut wurde.

Pilgerherbergen, Siechenhäuser und vermutlich eine um 1430 erwähnte Kapelle auf dem Acker, wo die »Schwestern der willigen Armut«, auch Beginen genannt, ambulante Pflege durchführten, gehörten zu den zahlreichen Versorgungseinrichtungen, die in der Regel außerhalb der Stadtmauern angelegt wurden. So ist auf alten Stadtansichten außerhalb der Stadtmauern eine Jakobskapelle mit einem Friedhof zu erkennen. Wie in der Stadtbeschreibung von P. Albert nachzulesen ist, hat der Frühmesser Konrad Nägelli 1505 zusammen mit zehn weiteren Mitgliedern einer Jakobusbruderschaft einen Jakobusaltar errichtet. Heute steht nahe dieser Stelle die Grundförderschule. Aber die Wirkung eines kollektiven Gedächtnisses bleibt sichtbar: Die Straße an dieser Stelle trägt den Namen des Heiligen.

Empfehlenswert ist ein Besuch im Stadtmuseum; es zeigt die Geschichte der Stadt, die Kultur ihrer Bürger und vermittelt Einblick in das örtliche Wirtschaftsleben. Öffnungszeiten: Dienstag bis Sonntag 15–17 Uhr, Mittwoch bis 19 Uhr, Sonn- und Feiertage 10–12 und 15–19 Uhr.

Die wunderschöne Hügellandschaft des Hegaus lädt ein zu beschaulichem Wandern. So öffnet sich der Blick immer wieder einmal auf den See und bei entsprechenden Wetterlagen bietet das Alpenpanorama eine zusätzliche, begeisternde Kulisse.

Um von Radolfzell weiter über Markelfingen nach Allensbach zu kommen, gehen wir den gleichen Weg bis zur erwähnten Abzweigung zurück.

Von dort folgt unser Jakobsweg ein kurzes Stück der Schnellstraße, um anschließend etwas anzusteigen und eine Kreisstraße zu überqueren. Der Weg bleibt rechts vom Homberg (488 m), streift ein links liegendes Sumpfgebiet und erreicht nach Überquerung der Bundesstraße nach sieben Kilometern und zwei Stunden Gehzeit *Allensbach*.

In Allensbach ist von der mittelalterlichen Stadtbefestigung mit ihren drei Toren nichts mehr erhalten. Mitte des 19. Jahrhunderts wurde alles abgerissen. Beim Bahnhof finden wir jedoch die ab 1732 errichtete Kirche Sankt Nikolaus. Schon von weitem ist die im Sonnenschein giftgrün aufleuchtende Kupferbedeckung der Zwiebelhaube des Glockenturms zu sehen. Die drei im barocken Stil gehaltenen Deckengemälde stellen die Krönung Marias, Maria und Sankt Nikolaus als Fürbitter in Sturmnöten sowie die Himmelfahrt Jesu dar. Eine Vorläuferkapelle wird schon für 1337 genannt.

Nikolaus gilt als Patron der Seefahrer. Die meisten Allensbacher lebten damals vom See und erhofften sich von dem Heiligen Unterstützung in der Not. Nikolaus ist vor allem wegen seiner Mildtätigkeit berühmt. Nach einer Legende errettete er drei Pilger aus Seenot. So wird Nikolaus manchmal mit einem Anker als Attribut dargestellt. Bemerkenswert in der Kirche ist auch die Christusfigur an der Wand vor dem linken Seitenaltar. Der »Schmerzensmann« stellte in der Zeit vor 250 Jahren ein sehr beliebtes Motiv dar. In Christus als »Mann der Schmerzen« kann sich der leidende Besucher selbst erkennen.

Etwa zwei Kilometer nördlich von Allensbach liegt *Kaltbrunn*. Der Grundbesitz kam früh an das Kloster Reichenau und zusammen mit diesem 1540 an den Konstanzer Bischof. Kaltbrunn ist Filiale von Allensbach. Die Kapelle Sankt Jakobus und Anna wurde 1748/49 als schlichter Rechteckbau mit Dachreiter erbaut. Seit der Mitte des 20. Jahrhunderts ist sie evangelisch.

Die nahe gelegenen *Türrain-Höfe*, die sich einst auch im Besitz des Klosters Reichenau befanden, haben um 1390 einem Klosterbruder als Einsiedelei gedient. Eine kleine klösterliche Gemeinschaft bei der 1400 erstmals erwähnten Sankt-Leonards-Kapelle bestand anscheinend bis ins 16. Jahrhundert. Besondere bauliche Merkmale, die heute noch sichtbar sind, bestätigen diesen Befund. Um 1539 wurde das Hofgut als Lehen ausgegeben, im 17. Jahrhundert als Sennerei geführt und ging Anfang des 19. Jahrhunderts in Privatbesitz über. Angeblich haben einst auch Wallfahrten hierher stattgefunden.

Ein Abstecher lohnt sich auch auf die *Insel Reichenau*. Bekannt ist das Kloster, dessen erste große Blüte schon im 8. und 9. Jahrhundert stattfand. Berühmt waren die Klosterschule, das Skriptorium und seine Bibliothek. Auf der Insel wurden drei dem Kloster zugehörende Kirchen errichtet: in Ober-, Mittel- und Niederzell.

Die Sankt-Georgs-Kirche in Oberzell mit ihrer romanischen Eingangshalle erscheint 1174 als Pfarrkirche. Im Inneren kann man einen bedeutenden Freskenzyklus mit den Wundern Christi besichtigen, der kurz vor 1000 entstanden ist.

In Niederzell steht die Kirche Sankt Peter und Paul, die im Wesentlichen aus einem Bau des 11. Jahrhunderts auf älteren Grundmauern besteht. Im Inneren finden wir Fresken des 12. Jahrhunderts und eine Altarplatte mit Namenszügen von Mönchen des 11. Jahrhunderts.

Ab dem 13. Jahrhundert begann ein wirtschaftlicher und geistiger Niedergang des Klosters, der auch durch Reformversuche nicht aufzuhalten war.

Von Allensbach aus passieren wir die Außenbezirke und wenden uns auf der Hauptstraße nach links. Kurz nach der Unterführung führt uns eine schmale Treppe rechts hoch. Nach wenigen Stufen geht es auf einem geteerten Wirtschaftsweg nach links und nach kurzer Zeit wieder nach rechts ab.

Wir erreichen *Hegne*, einen Ortsteil von Allensbach.

In Hegne geht es abwärts in Richtung Schloss. Die Barmherzigen Schwestern vom heiligen Kreuz haben hier einen Ort geschaffen, an dem in verschiedenen Häusern die unterschiedlichsten Menschengruppen Leben und Glauben teilen und ein Stück Weg gemeinsam gehen können. Das Haus Ulrika ist offen für alle, die sich für die Selige Ulrika von Hegne interessieren oder einfach das Gespräch mit den Schwestern suchen. Eine Schule und ein Internat als Lern- und Lebensraum bietet das Marianum. In der staatlich anerkannten privaten Schule existiert eine Fachschule für Sozialpädagogik, eine zweijährige hauswirtschaftlich-sozialpädagogische Berufsfachschule sowie eine einjährige hauswirtschaftliche Berufsfachschule. Die Schwestern und die externen Lehrkräfte haben als gemeinsames Anliegen, jungen Menschen bei der ganzheitlichen Entfaltung ihrer Persönlichkeit zu helfen. Dabei legen sie besonderen Wert auf religiöse, soziale und kreative Bildung. Nähere Informationen erhalten Interessierte im Internet unter folgender Adresse: www.hegne.orden.de

Vor dem Schloss biegen wir nach links und folgen dem Weg bis zum Waldrand, wo unser Weg wieder nach links abzweigt. In weiten Bögen bewegen wir uns durch schöne Wälder und Wiesen, bis wir auf die Kreisstraße von Dettingen nach Wollmatingen treffen. Hier wenden wir uns nach rechts und erreichen nach 6,5 Kilometern und eindreiviertel Stunden *Wollmatingen*.

Wir gehen vor bis zur Durchgangsstraße (L 220). Hier verlassen wir den Bodenseerundweg. Wir bleiben links und kommen zur Kirche Sankt Martin. Die Pfarrkirche wird schon 1312 erwähnt. Die Hilfsbereitschaft des Kirchenpatrons ist sprichwörtlich: So ist der heilige Martin auf dem spanischen Jakobsweg, neben Jakobus, der beliebteste Kirchenpatron.

Die Kirche wurde 1960/61 umgebaut, enthält aber noch gotische Elemente. Zum Kirchensprengel gehörten bis 1440 neben Wollmatingen auch Egg und Staad.

Am Ortsende geht es rechts auf einem Wirtschaftsweg weiter, durch den Wald bis zu dem ehemaligen Kloster Sankt Katharina. Hier wenden wir uns nach rechts und erreichen wenig später die Universität von Konstanz. Nach sieben Kilometern und zwei Stunden Gehzeit erreichen wir *Allmannsdorf*, einen Stadtteil von Konstanz.

In Allmannsdorf wird schon 1260 eine Kirche erwähnt. 1356 werden als Patron der heilige Georg und als Mitpatrone Unsere Liebe Frau, Peter und Paul sowie Martin genannt. Die Pfarrkirche wurde um 1745 und in den Jahren 1962/63 umgebaut. Sie besitzt einen spätgotischen Turm mit vorkragendem holzverkleidetem Obergeschoss und vierseitigem Zeltdach. Auch wird von einer auf dem Staader Berg 1637 erbauten Lorettokapelle, einem schmalen Rechteckbau mit einem Vorbau für Pilger, berichtet. Ein Siechenhaus von 1335 ist ebenso belegt; es bestand bis ins 19. Jahrhundert.

An der zweiten Kreuzung biegen wir nach rechts ab und folgen dieser Straße bis zu einer Kreuzung. Danach geht es links zur Loretto-Kapelle und geradeaus weiter durch den Stadtwald und anschließend zum Seeufer. Nun bleiben noch 25 Minuten Fußweg bis zur Stadtmitte von *Konstanz*.

Jakobus
verteilt
Pilgerstäbe
und Taschen.
Mauritius-
rotunde des
Konstanzer
Münsters

Rechts vom Weg liegt der Konstanzer Stadtteil *Petershausen*, der aus einem im 10. Jahrhundert gegründetem gleichnamigen Kloster entstanden ist. Im 15. Jahrhundert wurde diese Siedlung mit in die Stadtmauer einbezogen. Nach den Forschungen von Fredy Meyer hat das Kloster im 12. Jahrhundert zweimal Reliquien des Apostels Jakobus erworben.

Einen weiteren Hinweis auf den heiligen Jakobus finden wir vor der westlichen Stadtmauer: Dort wurde 1142 von Regensburg aus das Schottenkloster Sankt Jakob gegründet. Es wurde 1526 zerstört. Die 1697 erneuerte Kirche dient seit 1785 als Friedhofskapelle. Im Ostfenster finden wir ein Glasgemälde von Jakobus.

Schottenmönche oder Schottenbrüder nannte man die iroschottischen Mönche, die ab dem 11. Jahrhundert in Süddeutschland und Bayern aufgetaucht waren. Als Wandermönche brachten sie dem Pilgerheiligen Jakobus eine besondere Verehrung entgegen. Ein Teil ihrer Gründungen wurden deshalb dem Jakobus geweiht.

Die ältesten Siedlungsspuren von Konstanz weisen bis in die jüngere Steinzeit zurück. Aus dem 1. Jahrhundert v. Chr. sind Funde einer keltischen Siedlung bekannt. Zu Beginn des 1. Jahrhunderts n. Chr. errichteten die Römer auf dem heutigen Münsterhügel eine befestigte Anlage. Aus diesem römischen Stützpunkt entwickelte sich im Frühmittelalter eine städtische Siedlung, die den römischen Namen »Constantia« beibehielt.

Vom 6. Jahrhundert bis zum Jahr 1827 war Konstanz Bischofssitz des größten deutschen Bistums. Ihre Blütezeit erlebte die Stadt vom 10. bis zum 14. Jahrhundert. Konstanz lag im Schnittpunkt der Handelsstraßen nach Oberitalien, Frankreich und Osteuropa und avancierte zu einem wichtigen Handelsplatz für Pelze, Leinen und Gewürze. Die damalige Bedeutung der Stadt zeigt sich auch darin, dass Konstanz im 15. Jahrhundert als Austragungsort eines Konzils ausgewählt wurde: Von 1414 bis 1418 tagten Kirchenvertreter aus allen europäischen Ländern in der Stadt und wählten 1417 Martin V. zum neuen Papst.

1527 schloss sich Konstanz der Reformation an. Nach dem Sieg der Gegenreformation verlor die Stadt 1548 ihre Reichsfreiheit und wurde zu einer österreichischen Landstadt. Auch ihre wirtschaftliche Vormachtstellung im Bodenseeraum ging verloren. Nach dem Sieg Napoleons wurde Konstanz 1806 in das neu geschaffene Großherzogtum Baden eingegliedert.

Im Zentrum von Konstanz suchen wir das Münster Unserer Lieben Frau auf. Das Münster hat einen Vorgängerbau aus dem Jahre 600. Um 960 wird die mehrräumige Krypta als Nachbildung der Jerusalemer Grabeskirche errichtet. Seine heutige Form entstand um 1280. Die gotischen Fenster stammen aus der Zeit um 1300, ein spätgotisches Gewölbe aus dem 15. Jahrhundert. Das Münster war Tagungsort des Konstanzer Konzils (1414–1418), mit dem das große abendländische Schisma beendet und Johannes Hus als Ketzer vor den Toren der Stadt verbrannt wurde. Über die Jahrhunderte hinweg hat das Münster zu seiner heutigen Ausgestaltung mit den verschiedensten Baustilen gefunden. Die ältesten erhaltenen Stücke im Inneren der Kirche sind ein aus dem 15. Jahrhundert stammendes Chorgestühl und die so genannten Goldscheiben aus dem 11. und 13. Jahrhundert.

Welche Bedeutung Konstanz für die Pilgerscharen hatte, lässt sich an der nachempfundenen Darstellung des Heiligen Grabes, der Mauritius-Rotunde in der Krypta des Münsters nachvollziehen. Jakobus steht im Kreise der Apostel: In der rechten Hand trägt er ein Bündel Pilgerstäbe und in der linken Hand Pilgertaschen, bereit, sie an die Pilger zu verteilen.

Hier, in Konstanz, enden die Markierungen des Europa Zentrums, ab hier nimmt der Schwabenweg mit den schweizerischen Markierungen seinen Anfang. Denn in Konstanz treffen die Jakobswege aus dem Nordosten, dem Norden und dem Nordwesten aufeinander. Hier versammelten sich große Gruppen von Pilgern, die anschließend gemeinsam durch die Schweiz nach Einsiedeln weiter zogen.

In einem mittelalterlichen Lied heißt es:

> So ziehen wir durch Schweizerland ein
> Sie heißen uns gottwilkum sein
> Und geben uns ir speise
> Sie legen uns wol und decken uns warm
> Die Straßen tun sie uns weisen.

Der Jakobsweg im Linzgau

Von Pfullendorf nach Überlingen in einer Etappe

Von Charlotte Zoller und Wolfgang W. Meyer

er Ausstrahlungsbereich des Pfullendorfer Jakobs-
kults erstreckt sich von Sigmaringen über Meßkirch
bis nach Ulm. Von Meßkirch ist eine Jakobusbruderschaft überliefert und ein Jakobusaltar bekannt.
So schreibt Hedwig Röckelein, dass 1562/63 zwei »Jakobsbrüder«
auf dem Heiligenberg eine Geldspende erhielten, und dass 1595
Graf Joachim »einem Jacobsbruder und seinem Weib 2 batzen«
aushändigen ließ.

Wie wir noch sehen werden, ist der Jakobskult in *Pfullendorf*
noch sehr lebendig und wird vom katholischen Pfarrer stark gefördert. In Denkingen, einem Ortsteil von Pfullendorf, finden wir
zwei Jakobsmuscheln im Wappen. Bislang konnte aber darüber
hinaus noch keine Beziehung Denkingens zu den Jakobspilgern
belegt werden.

Der Pilger, der in Pfullendorf auf seinem langen Weg am Oberen Tor, dem nördlichen und größten der ehemals vier Stadttore,
um Einlass ersuchte, war der Straße gefolgt, die auch als Königs-
straße der staufischen Herzöge, Könige und Kaiser bedeutend war
und über den oberen Donaulauf hinweg Mitteldeutschland mit
der Schweiz und dem Elsaß verband. Bei Mengen verließ die
Straße die Donau und wandte sich nach Pfullendorf. Schließlich
führte sie über Schönach und Owingen nach Überlingen. Dort
ging es mit der Fähre Überlingen-Klausenhorn über den See und
weiter über den Bodanrück nach Konstanz und Kreuzlingen.

In Pfullendorfer Archiven und Chroniken gibt es kaum Hinweise auf Jakobspilger. Vermutlich hat man diesen meist armen
Durchreisenden, die das ferne Santiago und nicht Pfullendorf zum

Wegstrecke: Pfullendorf – Pfullendorf-Großstadelhofen – Herdwangen-Schönach, Ortsteil Ramsberg – Owingen-Taisersdorf – Owingen-Hohenbodman – Owingen – Überlingen
Variante: Ab Ramsberg durch den Aachtobel nach Hohenbodman

Länge:
23 Kilometer

Zeit:
6 Stunden

Karten: Wanderkarten 1 : 50 000 des Landesvermessungsamtes Baden-Württemberg in Zusammenarbeit mit dem Schwäbischen Albverein, Blatt 22, 24.
Übersichtskarte siehe Seite 94/95

Informationen: Stadtverwaltung Pfullendorf, Telefon (0 75 52) 25 01;
Verkehrsamt Überlingen, Telefon (0 75 51) 99 11 22

Unterkunft: Hotel Stadtblick, Pfullendorf, Telefon (0 75 52) 60 03;
Gasthaus Zum Schwanen, Owingen-Taisersdorf, Tel. (0 75 57) 748;
Gasthof Adler, Owingen-Hohenbodman, Telefon (0 75 57) 241;
Jugendherberge Überlingen, Telefon (0 75 51) 42 04

Verkehrsanbindung: Busverbindung Überlingen–Pfullendorf

Ziele hatten, keine große Beachtung geschenkt. Hatten die Pfullendorfer doch mit ihrem Kirchlein »Maria Schray« einen eigenen Wallfahrtsort, zu dem Pilger in großer Zahl aus nah und fern kamen.

Die meisten der Pilger, als Einzelne oder in kleinen Gruppen unterwegs, versuchten, möglichst als Erste an der Stadtmauer anzukommen, weil sie sich dann einen Platz im Hospiz versprachen. Es war nicht immer sicher, dass man sich in einer Bankreihe der Kirche für die Nacht niederlassen konnte, denn unter den Jakobspilgern waren nicht nur Gottesfürchtige und Fromme, die um ihr Seelenheil bemüht waren. Verdreckte und sich wild gebärdende Gesellen oder solche, die mit einem Eisenring an Hand- oder Fußgelenk auffielen, mögen auch darunter gewesen sein, wenn sie vom Oberen Tor durch die Pfaffengasse zur Jakobuskirche gingen. (Nachempfunden einer Szene in dem Buch »Die Muschelbrüder« von H. Multhaupt, Bonifatius-Verlag, Paderborn.)

Wie wird Sankt Jakobus auf die müden Wanderer eingewirkt haben? Schon lange bevor im 18. Jahrhundert das Innere der dreischiffigen, ehemals spätgotischen Pfeilerbasilika mit einem barocken Prachtgewand überdeckt wurde, fanden Pilger Zeugnisse des Jakobskultes. So war zum Beispiel die voll versilberte und reich geschmückte Büste mit einem Reliquiar des heiligen Jakobus zur Verehrung aufgestellt. Vermutlich hatte sie ein Pilger aus Spanien mitgebracht. Im Dreißigjährigen Krieg wurde die Büste mit dem Kirchenschatz nach Schaffhausen verkauft, »damit dan ni alles in Brandt gesteckt und zugrundt gehe«. Doch seit 1997 ist das Reliquiar wieder im Altar zu sehen.

Die Pfullendorfer Stadtkirche, als Barockhimmel in Stuck und Farbe bezeichnet, beeindruckt den Besucher und den Jakobspilger im Besonderen durch ihren außergewöhnlichen Stuckreichtum. Das riesige Deckengemälde im Chorraum von der Hand des Sigmaringer Hofmalers Meinrad von Au – es ist das größte seines Lebens – stellt die Huldigung der kirchlichen und weltlichen Obrigkeit von Pfullendorf für den Kirchen- und Stadtpatron Jakobus dar. Manch einem der frommen Pilger war es nicht vergönnt, am Ziel in Galizien anzukommen. So hatte er auf diesem Bildnis, hier in Sankt Jakobus, das Grab des großen Heiligen vor Augen. Wer sein Auge nach oben schweifen lässt, findet im reichen Stuck den symbolischen schwarzen Pilgerhut eingearbeitet. Nun kann er ganz sicher sein, er ist auf dem richtigen Weg, beim wahren Jakob. Der heilige Jakobus ist als Kämpfer mit dem Schwert links vom Hochaltar – auf der rechten Seite ist sein Bruder Johannes zu sehen –, als frommer Pilger mit Muschel und Stab beim linken Seitenaltar und auf dem Schlussstein in der kleinen Kapelle im Stumpf des Turmes dargestellt.

Erstmals erwähnt wurde die Stadtpfarrkirche 1182. Als gotische Basilika wurde sie vermutlich im 14. Jahrhundert errichtet. 1750 wurde das Kirchenschiff völlig umgestaltet. Hierbei erfolgte die Ausgestaltung und Ausmalung im spätbarocken Stil. Im Inneren, auf dem Hochaltar findet sich eine Statue, die den heiligen Jakobus mit erhobenem Schwert zeigt – Jakobus in der Gestalt des

Maurentöters. Die bemerkenswerten Deckengemälde mit verschiedenen Darstellungen des Jakobus, teilweise mit der Geistlich-
keit, des Magistrats und des Volkes vor der Kulisse Pfullendorfs im
hinteren und vorderen Mittelschiff und in der Kuppel, entstanden,
als der Höhepunkt der Santiagopilgerfahrt längst überschritten
war. Noch heute wird der Jakobskult von der Gemeinde sehr
lebendig gehalten. Für den Pilgerausweis ist ein Stempel beim
katholischen Pfarramt erhältlich.

Wenn der Pilger sein kirchliches Dokument zum Nachweis
seiner Pilgerreise wieder in Empfang genommen und in seiner
Pilgertasche verstaut hatte, wird er zum Marktplatz hinunter gegangen sein. Die hochgiebeligen Fachwerkhäuser mögen ihn genau so beeindruckt haben, wie die Jakobskirche zuvor. Schließlich
befand er sich in der alten Freien Reichsstadt Pfullendorf, Stadt
durch Gottes und des Kaisers Gnaden seit dem 2. Juni 1220,
fälschlicherweise lange Zeit als »Sacra Juliomagus« bezeichnet.
(1803 endete die Reichsstadtherrlichkeit). Vor ihm lag das »Heilig-Geist-Spital«, auch »Gotteshausspital« genannt, das seit 1275
als Armen-, Pfründner- und Fremdenanstalt erwähnt ist.

Eine weitere Möglichkeit, Unterkunft und einen Napf Suppe
zu bekommen, findet sich im »Seelhof« in der Seelhofgasse. Von
der Rossmarktgasse unterhalb des Marktplatzes, wo das stolze
Fachwerkhaus auf sich aufmerksam macht als ehemalige »Wirtschaft zum Rössle«, biegt die zweite Abzweigung rechts in die
Seelhofgasse ein.

Der Seelhof, zwischen dem Ost- und dem Südtor gelegen, war
als Fremdenasyl mittelalterliche Herberge, zeitweise von einem
Bettelvogt als Aufseher verwaltet. 1821 wurde der Seelhof verkauft. Das Spital, zu dem er gehörte, zog in das Leprosen-, auch
Siechen- oder Armenhaus genannt, das bis 1846 als Ersatz für den
verfallenen Gebäudekomplex am Marktplatz diente (heute Areal
»Deutsches Haus«).

Früher verließ der Pilger den lebhaften Marktflecken Pfullendorf durch das südliche Stadttor, das Steinbrunnertor. Auf dem
Weg traf der Pilger zuerst einmal auf das Kapellchen Sankt Jodokus
bei den sechs Linden, an der Straße nach Aftholderberg. Heute
sind davon keine Spuren mehr sichtbar. Im Jahre 1423 ist ein

Putto mit Pilgerhut in der Pfullendorfer Sankt-Jakobus-Kirche

Beneficium Sankt Jodoci gestiftet und die Kapelle erbaut worden. Die Stiftungsurkunde der Sankt-Jodokus-Kaplanei ist vom Bürgermeister und den Räten der Stadt Pfullendorf ausgestellt und vom Bischof von Konstanz am 15. Dezember 1424 bestätigt worden. Im Jahre 1674 ist von den Bürgern in dieser Kapelle ein Bruderschafts-Bündnis unter den Namen Sankt Luciä, Sankt Ottiliä und Sankt Jodoci errichtet worden.

Der heutige Verlauf des Jakobsweges beginnt am Marktplatz von Pfullendorf, ist ausgeschildert durch die Seelhofgasse, vorbei am Stadtgarten. Auf der Kasernenstraße zweigt er etwa in Höhe des Waldschwimmbades rechts ab. Er verläuft wenige Meter östlich, fast parallel zum ursprünglichen Jakobsweg in Richtung Aftholderberg bei den oben erwähnten »Linden« (heute Grund- und Hauptschule Sechslindensteige). Stadthalle, evangelisches Kindertagheim und Bundeswehrkaserne säumen das ansonsten langweilige Sträßchen bis auf seine höchste Höhe zwischen Großstadelhofen und Aftholderberg. Hier allerdings bietet sich eine herrliche Aussicht auf das Furtbachtal – und bei Föhnwetter auf die Alpenkette mit dem Säntis und dem Altmann als höchsten Erhebungen.

Hier zweigt das Sträßchen rechts ab nach Aftholderberg und links nach Großstadelhofen.

Unser Jakobsweg bringt uns nach Großstadelhofen, trotzdem wollen wir *Aftholderberg* ein paar Worte widmen: Der Ortsname ist abgeleitet von »Affalterbirc«, was gleichbedeutend ist mit Apfelbaumberg (nach H. Ruck). Ein sehenswertes Kirchlein mit einem Wehrturm ist alljährlich am 2. Sonntag im Juli Anziehungspunkt für hunderte von Reitern, die sich zu Ehren des heiligen Eulogius zu einer Reiterprozession mit anschließender heiliger Messe und Pferdesegnung treffen. Auf dieser Anhöhe ist die Wasserscheide zwischen Rhein und Donau.

In *Großstadelhofen* gehen wir am Sankt-Martins-Kapellchen von 1482 vorbei. Am Nordhang des Furtbachtobels, in den wir hinuntersteigen, wird 1475 eine ausgedehnte Burganlage erwähnt. Sie soll der Sage nach zeitweiliger Wohnsitz der Gemahlin Karls des Großen, Hildegard, gewesen sein.

Etwa neun Kilometer sind wir gewandert, wenn wir auf der anderen Talseite über Kirnbach hinunter Richtung Großschönach zum dortigen Friedhof kommen. Wir folgen immer dem Weg mit der Markierung des Jakobsweges. Beim Friedhof von Großschönach geht der Weg links über den Tobelhof an der schönen Lourdesgrotte vorbei hoch auf den Ramsberg mit einer kleinen Kapelle, welche dem heiligen Wendelin geweiht ist. Dort oben muss man etwas Zeit zur Besinnung und gegebenenfalls ein Rucksackvesper mit dabei haben. Der Ramsberg ist ein stiller Bergkegel mit den Ruinen der ehemaligen Burg der Grafen von Ramsberg und Pfullendorf, Nachfahren der Udalrichinger, aus deren Linie Graf Rudolf, der Begründer von Pfullendorf stammt. Vermutlich im Schwedenkrieg wurde die Burg zerstört. Erhalten geblieben ist nur die Wendelinus-Kapelle.

Von dem Bergkegel aus geht die Route zirka 200 Meter leicht bergab, geradeaus kann man die Variante durch den Aachtobel nehmen, welche zwar einige Kilometer länger ist, dafür aber die Ortschaft Taisersdorf weiträumig umgeht (siehe Kasten).

Der eigentliche Pilgerweg führt nach rechts über die Lochmühle zum Dorfausgang Großschönach hoch nach Taisersdorf. Hier bildet die Aach die Grenze vom Württembergischen zum Badi-

Wegvariante durch den Aachtobel

Vom Ramsberg folgen wir nicht der Markierung, sondern biegen nach dem steilen Abstieg vomm Ramsberg nach rechts ab (T 5) und erreichen nach kurzer Zeit den Weiler Katzensteig. Wir passieren die Einfahrt zum ehemaligen Kloster Hermannsberg, in welchem heute die Behindertenwerkstätten der Camhillgesellschaft mit schönen Wohnanlagen untergebracht sind. Die höchste Erhebung ist Heiligenholz. Vorbei am Sankt-Nikolaus-Kapellchen genießen wir auf dem Weg die Sicht auf die herrlichen Landschaftsformen des Oberen und Unteren Linzgaus. Wiesen, Äcker, dunkle Waldkuppen, Drumlins, zum See sich hinabschlängelnde Flüsschen liegen uns buchstäblich zu Füßen. Wir erreichen Rickertsweiler, kommen über Steigen schließlich zu den Bärenweilerhöfen und erreichen den Wanderparkplatz bei den Gailhöfen. Der wildromantische Aachtobel lässt die Herzen höher schlagen. Einmal ist es die Pflanzen- und Tierwelt in diesem Stück Naturparadies, das von dem merkwürdigen Verlauf der Aach durchschnitten wird, zum anderen sind es die Steigungen über Brücken und Stege hinauf nach Hohenbodman. Im Talgrund geht links ein Weg ab und führt in einer guten halben Stunde zum beliebten Wallfahrtsort »Maria im Stein«. Er wurde von Albero von Bodman begründet, dessen Familie nachweislich dem Jakobskult sehr nahe stand. Albero von Bodman war ein Rückkehrer von den Kreuzzügen aus dem Heiligen Land, der aus Dank für seine gute Rückkehr diese Kapelle errichten ließ.

schen. Den Abstecher zur Lourdesgrotte und Ramsberg kann man abkürzen, wenn man vom Schönacher Friedhof aus die Josef-Buchholz-Straße geradewegs nach Großschönach Richtung Taisersdorf geht. Dieser Weg ist auch ausgeschildert.

Fast in der Ortsmitte von *Taisersdorf* steht links eine kleine Kapelle, eine Saalkirche, welche dem heiligen Markus geweiht ist.

*Wand-
Dankbild
in der
Taisersdorfer
Kirche,
rechts der
heilige Jakob*

Die Kapelle wurde im Jahre 1155 erstmals erwähnt. Auf dem Altar ist links Markus, in der Mitte Maria und Jesus und rechts Jakobus, versehen mit dem Wanderstab, dargestellt. Links neben dem Altar sind außerdem der heilige Sebastian, rechts der heilige Wendelin zu finden. Auf der rechten Wandseite, auf der »Männerseite«, befinden sich drei Votivtafeln. Bei der mittleren und größten Votivtafel, welche von 1796 stammt, ist rechts oben auf der Wolke schwebend Jakobus und links Markus zu erkennen. Die Tafeln wurden als Dank für die Bewahrung vor kriegerischen Auseinandersetzungen während der napoleonischen Kriege gestiftet.

Draußen an der Südseite der Kapelle, welche vom neugestalteten Friedhof umgeben ist, befindet sich eine Ruhebank, von der bei Föhnwetter die Österreicher, die Schweizer sowie zum Teil auch die Französischen Alpen in Ruhe zu bewundern sind.

Vor der Kapelle finden wir ein Hinweisschild »Markuskapelle am Jakobsweg«, Hohenbodman 4 Kilometer, Einsiedeln (Schweiz) 133 Kilometer. Diesem Wegzeichen folgen wir bis ins Unterdorf, dann etwa 200 Meter auf der Landstraße, ehe wir links in den Feldweg beim Hasenbühle durch ein kleines Waldstück bis zur Happenmühle gehen. Dann biegen wir in einem Hohlweg ein, und erreichen wenig später *Hohenbodman*.

Ein besonderer Reiz geht von einer über 1000 Jahre alten Sommerlinde aus, einem Naturdenkmal besonderer Art. Manch einer der Jakobspilger wird unter ihrem Blätterdach Erholung und Kühlung gesucht haben. Denn etwa vor 1000 Jahren begannen die ersten Pilger nach Santiago aufzubrechen. Unsere neuzeitliche Zivilisation hat diesem Baum erhebliche Leiden beschert.

Schon von weitem ist die rote Ziegelhaube des Aussichtsturmes sichtbar, auf den eine schmale und steile Holztreppe durch das mehr als 900 Jahre alte Gemäuer führt. Das Ziel der Jakobspilger ist aber nicht der Turm, ein Überbleibsel der ehemaligen Burg, sondern die Kapelle im Dorf, die schon 1381 und 1594 als Jodok- und Joßen-Kapelle erwähnt wird. Nach der Zerstörung der Sankt-Georgs-Schlosskapelle wurde sie 1642 zur Sankt-Georgs-Kapelle umbenannt.

Von der Linde geht der Jakobsweg nach rechts, wiederum beschildert, den alten Kirchweg zuerst im freien Feld, danach im Wald bergab nach *Owingen*.

Das Klima mutet den Wanderer schon südlich an, denn er ist von über 700 Metern auf den Höhen von Aftholderberg oder Heiligenholz auf 535 Meter herabgestiegen. Beachtenswert ist in Owingen die spätgotische Pfarrkirche Sankt Peter und Paul mit dem massiven, wehrartigen Staffelgiebelturm. Über den Lugen, vorbei am Golfplatz und durch die Vorstadt erreichen wir schließlich unser vorläufiges Ziel.

Das Zentrum von *Überlingen* betreten wir durch das Aufkircher Tor. Es erhielt seinen Namen nach der kleinen dörflichen Siedlung Aufkirch, die wenige Kilometer nordwestlich liegt. Zwischen Wagsauter- und Gallergraben markiert es die nördliche Stadt- und Befestigungsgrenze bis zum Ende der reichsstädtischen Zeit um 1802/03.

Wenige Meter weiter erblicken wir auf der linken Seite die Sankt-Jodok-Kirche. Es ist ein schlichter, spätgotischer Bau mit einer Statue des Jakobus an der Eingangstür. Im Inneren finden wir interessante Wandfresken aus der zweiten Hälfte des 15. Jahrhunderts, die 1903 freigelegt wurden. Diese Bilder, einmalig in ihrer Ausführung, stellen zum einen die Jakobslegende des »Hühner- oder Galgenwunders« (siehe Seite 28) und die Legende von den »drei Lebenden und den drei Toten« dar.

Am 15. Juni 1424 verpflichtete sich der Pfullendorfer Burkhart Hipp einen Betrag für die Jodokkirche zu bezahlen. Danach begann der Aufbau der Kirche. Es ist außerdem eine Jodok-Bruderschaft nachgewiesen, die sich auch um Pilgerreisende gekümmert haben soll. Gerhard Elsner aus Überlingen hat darüber einen Aufsatz geschrieben, in dem auch eine Erklärung für die Schleifspuren im Eingangsbereich der Kirche gegeben wird: Nach einer Überlinger Tradition haben die Winzer ihre sichelförmigen Messer an der Sandsteinfassade der Kirche geschliffen, um den göttlichen Segen für ihre Arbeit zu erhalten.

Eine weitere Legende berichtet, dass einst Karl V. die Überlinger Bürgerwehr nach Italien gerufen hat. Von den Gerufenen sind alle bis auf einen zurückgekehrt. Bis auf diesen hatten alle, wie es damals üblich war, vor ihrer Abreise ihre Schwerter an dem Portal der Jodokkirche gewetzt und damit geweiht. Nur jener Gardist, der sich darüber lustig gemacht haben soll, erhielt »seine Strafe« und kehrte von diesem Italien-Abenteuer nicht mehr zurück.

Jedes Jahr findet als Erinnerung an diese Ereignisse ein Schwertertanz statt, der bei der Bevölkerung größtes Interesse hervorruft. Es gilt als große Ehre, bei diesem Tanz als Akteur teilnehmen zu dürfen.

Zum ersten Mal urkundlich erwähnt wurde Überlingen im Jahr 770. Seit 1211 besitzt Überlingen das Stadtrecht. Der älteste Stadtkern mit Münster, Rathaus und Befestigung geht auf die Gründung durch Kaiser Friedrich Barbarossa um 1180 zurück.

Vom 13. bis zum 16. Jahrhundert erlebte Überlingen seine größte Blütezeit. Grundlage dieses wirtschaftlichen Aufschwungs war vor allem ein intensiver Weinbau, der an den sonnigen Südhängen des Bodenseeufers betrieben wurde. Der Wein bildete das

Wandmalereien in der Kirche Sankt Jodok in Überlingen:
Darstellung des Hühnerwunders

Tauschobjekt für Getreide, das aus dem oberschwäbischen Hinterland und dem Allgäu auf den Überlinger Markt gebracht wurde. Von dort gingen die Waren weiter in die Schweiz und nach Österreich.

So konnte sich Überlingen auch eine Pilgerherberge leisten, die nach Forschungen von F. Meyer außerhalb der Stadtmauer bestanden haben soll. Auch berichtete er von einer jährlichen Salzspende einer Überlingerin für diese Herberge. In einer Herbergsordnung des 16. Jahrhunderts soll peinlich genau aufgeführt sein, dass dem Pilger Unterkunft für eine Nacht und eine Suppe und am nächsten Morgen eine weitere Suppe und ein Zehrpfennig für seine Reise gewährt werden sollten.

Der Weg zum See passiert das Franziskanertor, einen gotischen Torbau, der 1495 errichtet wurde. Er begrenzt nach Norden hin den ältesten Kern der Stadt. Auf der linken Seite sehen wir die aus dem 14. und 15. Jahrhundert stammende Franziskanerkirche. Mitte des 18. Jahrhunderts wurde sie barockisiert. Im Inneren sind zwei Originalfiguren von Joseph Anton Feuchtmayer, dem bedeutendsten Bildhauer und Stuckateur des Bodenseeraumes zu sehen. Öffnungszeiten: Montag bis Samstag 10–17 Uhr.

Wenn noch Zeit ist, sollte der Wanderer auch das Münster Sankt Nikolaus (1350–1562) besuchen. Es ist der größte spätgotische Bau des Bodenseegebietes und Wahrzeichen der Stadt. Die fünfschiffige Basilika mit dem prächtigen Hochaltar des Überlinger Meisters Jörg Zürn (1613–1616) lohnt einen Besuch. Das Münster ist täglich von 8–18 Uhr geöffnet.

Das Rathaus mit dem quaderverblendeten Pfennigturm steht gegenüber dem Münster und stammt aus dem 14. und 15. Jahrhundert. Den Rathaussaal, der auch heute noch als Sitzungssaal genutzt wird, hat Jakob Rueß um 1494 geschaffen. Mit dem holzgeschnitzten Arkadenfries, den 41 Statuetten von jeweils drei bis vier Vertretern der Stände des Heiligen Römischen Reiches Deutscher Nation kann er heute noch jeden Besucher beeindrucken. Besichtigung in der Regel von Montag bis Freitag 9–12 und 14.30 bis 17 Uhr, vom 15. April bis 15. Oktober auch Sa von 9–12 Uhr.

Das Susohaus soll hier auch noch Erwähnung finden. Es ist angeblich das Geburtshaus des Mystikers Heinrich Suso oder Seuse, der von 1295 bis 1313 hier gelebt haben soll.

Am See angekommen sehen wir auf der rechten Seite der Seepromenade das alte Zeughaus. Es ist ein gotischer Staffelgiebelbau aus dem 16. Jahrhundert. Er diente bis ins 19. Jahrhundert als städtisches Waffenarsenal. Heute ist es ein privates Waffenmuseum.

Für den weiteren Weg nach Konstanz wird die Fähre nach Wallhausen empfohlen. Sie verkehrt regelmäßig. Von dort setzt sich der Weg auf den markierten Wanderwegen des Schwarzwaldvereins bis nach Konstanz fort. Dieser Abschnitt ist elf Kilometer lang und kann in zweieinhalb Stunden zurückgelegt werden.

Der Fränkisch-Schwäbische Jakobsweg

Von Rothenburg ob der Tauber nach Ulm in acht Etappen

Von Dieter Klapschuweit

ir pilgern auf einem der »Oberen Wege«, die allesamt von Oberdeutschland nach Einsiedeln in der Schweiz führen. Der Fränkisch-Schwäbische Jakobsweg nimmt seinen Anfang in Würzburg und zieht vom bayrisch-fränkischen Bereich durch das heutige württembergisch-fränkische Hohenlohe über »Neuwürttemberg« ins Schwäbische des Bundeslandes Baden-Württemberg.

Von Osten stößt in Rothenburg ob der Tauber der Mittelfränkische Jakobsweg hinzu, der in Nürnberg nach dortiger Aufnahme der Fernroute von Prag seinen Anfang nimmt. Von alters her band hier in Rothenburg auch der Ur-Pilgerweg von Bamberg über Bad Windsheim an.

Bald nach Crailsheim wird die alte Stammesgrenze (von 496 n. Chr.) zwischen Franken und Schwaben überschritten und gleichzeitig eine noch heute vernehmbare Sprachgrenze. Die Trasse erklimmt die Schwäbische Alb und führt an den

 Gesamtstrecke: 185 Kilometer

 Karten: Wanderkarten 1 : 50 000 des Landesvermessungsamts Baden-Württemberg in Zusammenarbeit mit dem Schwäbischen Albverein, Blatt 12, 13, 15, 19

Sammelplatz Ulm, wo der Jabobsweg von Nürnberg über Gunzenhausen einmündet. Ulm war von eh und je wichtiger Treff- und Sammelpunkt. Im Münster gab es vor dem Bildersturm vier Altäre, an denen Jakobus der Ältere »Kopatron« war, und es stand von

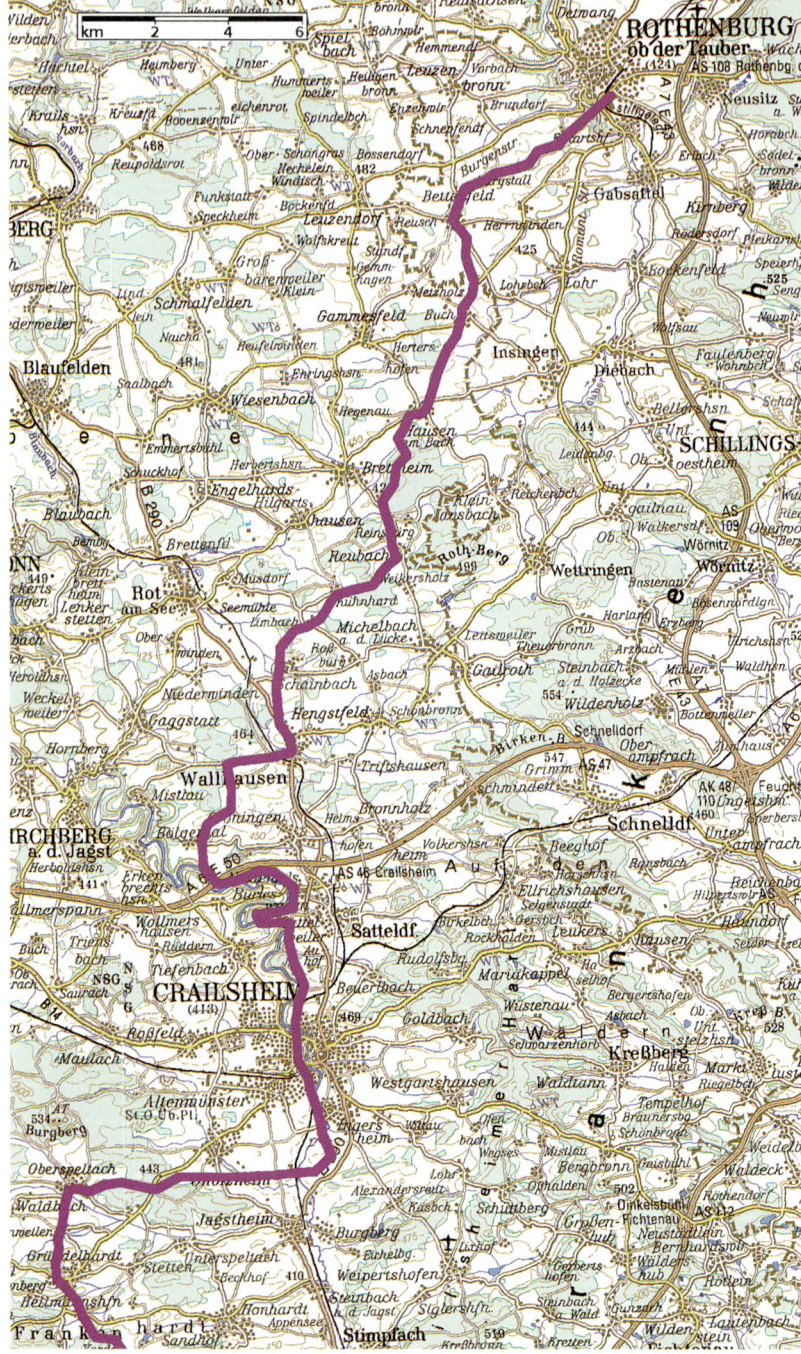

1271 bis 1535 auch eine Jakobuskapelle in der Stadt am Leder-
markt.

Sicher ist dieser Übergang über die Alb keine Originalstrecke,
denn die Pilgerwanderer mieden größere Höhenunterschiede. So
ist der Fränkisch-Schwäbische Zweig wohl vom Rand der Alb aus
eher in die Täler ausgewichen. Zahlreiche Pilgerwanderer strebten
damals durchs Remstal Cannstatt zu. Andere sind schon vom
Hohenberg aus nach Hall (dem heutigen Schwäbisch Hall) gewandert, um über das Murrtal Cannstatt zu erreichen.

Sind nicht alle Pilgerwege mehr bis ins Detail nachvollziehbar,
so sind doch die »Ströme« von Heiligtum zu Heiligtum aufspürbar.
Jakobuskirchen, Jakobusaltäre, Jakobusbildnisse wurden besucht,
sind noch heute entlang dem Camino zu finden, auch bei uns.
Spitäler und Klöster, Jakobsbruderschaften und Ritterorden küm-
merten sich um die offiziellen »Jaköbler«, boten Einkehr und Wegzehrung auch in Klausen am Weg.

Alle Routen führen zum »richtigen« Jakob nach Santiago de
Compostela. Ginge man nämlich zum »wahren Jakob«, erlitte man
Schimpf und Schande, denn es handelte sich bei ihm um den
Jakob aus dem Alten Testament. Der Jakob hingegen, auf den sich
die Pilgerfahrt bezieht, war ja der Bruder des Evangelisten Johan-
nes. Manchmal führt der Weg als Zwischenstation beim »billigen
Jakob« vorbei, denn an vielen Orten der Jabobsverehrung wurden
Märkte gegründet, von denen sich der eine oder andere als
»Jakobusmarkt« noch erhalten hat.

Erste Etappe: Rothenburg ob der Tauber – Wallhausen

In *Rothenburg ob der Tauber* lädt das mittelalterliche Stadtbild zu
einem kleinen Stadtbummel ein. Die Sankt-Jakobs-Kirche ist um
1311 entstanden, in ihrem Inneren stehen bemerkenswerte Altäre
von Tilman Riemenschneider und Friedrich Herlin.

Wir beginnen die Jakobstour am Spitaltor der alten freien
Reichsstadt und ziehen durch das wildromantische Schandtauber-
tal nach *Bettenfeld*. Es begleitet uns dabei die weiße Jakobsmuschel auf blauem Grund als Wanderzeichen. Es geht weiter vorbei
am Schlund des unterirdischen Wasserlaufs der Hohenloher Ebe-

Wallhausen-Schainbach mit der Jakobuskirche

ne und über karge Hochflächen bei Metzholz. Sicher war ursprünglich die Kapelle in Buch, einem Ortsteil von Hausen am Bach, vom Weg nicht ausgeklammert, denn die kleine Kirche hat die typischen seitlichen Pforten für den Pilgerzug. Dann war sicher auch der Klosterhof bei *Hausen am Bach* Anlaufstelle für die Jakobspilger.

In diesem Waldbereich muss man sich umsichtig orientieren, benötigt man doch die eine und andere Raffinesse, um Wasserlöcher und Gatter zu überlisten. Langsam nähert man sich den alten Grenzen des Territoriums der Reichsstadt, verlässt die »Landwehr«, überscheitet die Rothenburger Landhege und kommt nach *Reubach*.

Wegstrecke:
Rothenburg ob der Tauber – Rothenburg-Bettenfeld – Rot am See-Hausen am Bach – Rot am See-Reubach – Wallhausen-Schainbach – Wallhausen

Länge:
27$^{1}/_{2}$ Kilometer

Zeit:
6 Stunden

Informationen:
Verkehrsamt Rothenburg ob der Tauber, Tel. (0 98 61) 4 04 92

In Reubach sollte man unbedingt in das Busch'sche Heimat-museum im Schulhaus »einkehren«. Nicht weit entfernt findet man auf württembergischen Boden den Tauberursprung. Wir gehen aber in Richtung Kühnhardt. Unser Jakobsweg zweigt nahe Limbach von der Donau-Route ab und über Heideflächen hin nach *Schainbach*, einem Ortsteil von Wallhausen.

Der Chorturm der Kirche Sankt Jakobus in Schainbach ist alt, das Kirchlein (um 1200/1721) birgt einen kostbaren Altarschrein. Die Abendmahlsszene darauf, hübsch geschnitzt und bemalt, ist kurios – fehlt doch einer der Apostel, nicht Judas, vielleicht Jakobus? Bis *Wallhausen* sind es jetzt noch 2,5 Kilometer Wegstrecke.

Zweite Etappe:
Wallhausen – Frankenhardt-Oberspeltach

In Wallhausen offeriert der Blick auf dem Dorfplatz den bereits zur Legende gewordenen Ortsbüttel. Richtung Bölgental verlässt die Tour auf Paulaner-Eremiten-Spur den Ort. Plötzlich steht man vor der so genannten Anhäuser Mauer, der hohen Ruinennord-wand des Chores vom Kloster Anhausen. Majestätisch grüßen die Herren von Bebenburg aus luftiger Höhe. Zu Füssen liegen die Wälle der alten Fischteiche, aus denen mancher Pilgerer einst gespeist worden war. Wir ziehen nach Bölgental weiter und zur Jagst hinab.

 **Wegstrecke:**
Wallhausen – Crailsheim – Crailsheim-Burgberg – Frankenhardt-Oberspeltach

 Länge:
26 Kilometer

 Zeit:
6 Stunden

 Informationen:
Touristik-Information Crailsheim,
Telefon (0 79 51) 40 31 32

Es wird wohl kaum einmal ein Jakobswallfahrer im Mittleren Jagsttal gewesen sein. Die Wege waren zu schwierig, vor allem zu nass und gefährlich.

Die Pilgerer wanderten hier zielstrebig über die Höhen. Doch vielleicht schlichen einige geächtete Pflichtpilgerer ins unberührte Jagsttal zwischen Heinzen- und Kernmühle.

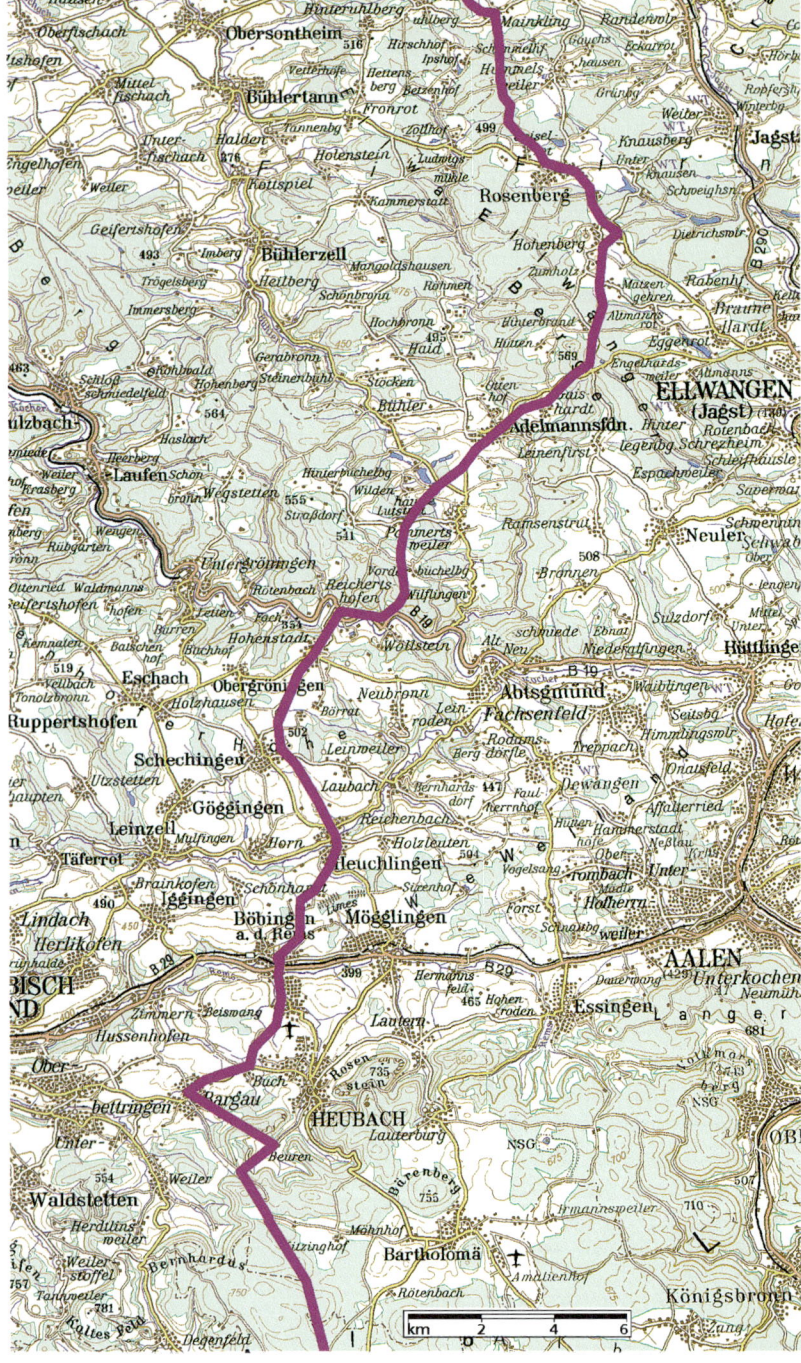

Nun bestaunen wir den neuen Heinzenmühlensteg, der sich Holz in Holz harmonisch ins Tal fügt. Es ist keine Zeit, zur Hammerschmiede zu ziehen. Wir bleiben an der Jagst, streunen durch Steinbruchgeröll und ziehen zur Hochfläche hinauf nach Burleswagen. Nach der Doppelburg Burleswagen peilt man wieder zur Jagst nahe der Weidenhäuser Mühle hinab. Oberhalb der Teufelsklinge, dem Kreuzbach stossen wir alsbald auf dominante Erdfälle. Über den Auhof erreicht man die Heldenmühle und kommt endlich über den Hexenbuckel nach *Crailsheim* hinein.

Voll Lob über die bis dahin gelungene Wallfahrt zogen die Pilger einst in die nächste Kirche, suchten sich eine Schenke und legten das müde Haupt im Spital zur Ruhe. Aber das Crailsheimer Spital war nicht Pilgerquartier, sondern Pfründner-Spital, also für Arme und Alte. Weiter geht es zur Kirche von Altenmünster. War hier einst eine Pilgerherberge?

Über den Kreuzberg gelangt man auf einem Pfad den Gipfel des 534 Meter hohen *Burgbergs*. Sonntags ist die Schenke geöffnet, und es kann der Aussichtsturm des Schwäbischen Albvereins bestiegen werden. Vom Turm aus hat man eine schöne Aussicht auf die Hohenloher Ebene, die Ellwanger Berge, die Schwäbische Alb und nach Süden zur Jakobuskirche auf dem Hohenberg. Zu Füssen liegt die alte keltische Ringwallanlage, und früher gab es Wallfahrten zu der Quelle, die bei Augenleiden aufgesucht wurde. Am Lanzenbach abwärts wird nach 2,5 Kilometern Weg *Oberspeltach* erreicht.

Dritte Etappe:
Frankenhardt-Oberspeltach – Rosenberg-Hohenberg

In Oberspeltach geht es auf der Fahrtstraße weiter bis Banzenweiler. Nun laufen wir den Taubbach kurz aufwärts und zum Wald in die »Boppelesklinge«, eine alte Grenzklinge. Über das »Nonnenkappel« geht der Weg steil nach *Gründelhart* hinab. Die schönste Dorf-Barockkirche (geweiht Laurentius und Magdalena) steht hier, sagt man stolz im Ort. Bis *Hellmannshofen* sind es nun noch 1,5 Kilometer. Die kleine, schmucke Lukas-Kapelle, die der frühere Bundespräsident Karl Carstens schon besucht hat, besitzt an der

Außenwand das Bildnis eines kopflosen Mönches. – Man geht durch die Krautgärten auf Graswegen neben der Straße zum Reishof, dort an einer Koppel vorbei zum Wald und ostwärts zur Fahrstraße. Am Waldrand geht es nicht mit dem Muschelweg nach links, sondern rechts in den Wald, alsbald links und geradeaus, beim Waldaustritt an alten Grenzsteinen aufwärts, schließlich den Sägmühlbach überspringend zum alten Weg hinauf nach *Mainkling*. Leider ist die alte Eiche vor der Wirtschaft »Eiche« krank und wird vermutlich nicht mehr lange zu sehen sein.

Nach dem Ipshof (eigentlich »Gipshof«) lädt der romantische Fleckenbacher Sägmühlweiher zum Verweilen ein. Am Teichende geht der Weg scharf links in den Wald. Wir nutzen später den neuen Steg und kommen an einen Pavillon. Nun gilt es aufzupassen, denn bald führt der Weg nach rechts auf schmalem Steig diagonal durch den von »Lothar« ordentlich zerzausten Wald. Wir kommen zunächst nach Geiselrot, dahinter liegt dann gleich *Rosenberg*. Hier grüßt in der Kirche zur Schmerzhaften Muttergottes ein Jakobsbild des weithin bekannten Pfarrers und Kirchenmaler Sieger Köder.

Auch auf dem »Alten Kirchenweg« lässt uns Jakobus nicht los, finden wir die Muschel an manchem Monument. Wir sind noch 2000 Kilometer vor Santiago de Compostela. Es geht weiter durch den Wald direkt auf den Hohenberg zur Mariengrotte. Dann »endlich« in die Jakobskirche. Mit Kreuz-Wanderstab, Kalebasse, Buch und Muschel dominiert Jakob in dem Raum mit den farbenfrohen Fenstern Sieger Köders über dem zur Perle offenen Bodenlabyrinth. Im nahen Ort, in *Hohenberg* gab es einst eine Jakobsbruderschaft mit Pilgerhospiz.

Wegstrecke: Frankenhardt-Oberspeltach – Frankenhardt-Gründelhardt – Frankenhardt-Hellmannshofen – Frankenhardt-Mainkling – Rosenberg (Württ.) – Rosenberg-Hohenberg

Länge: 18 Kilometer

Zeit: 4 Stunden

Informationen: Gemeinde Rosenberg-Hohenberg, Telefon (0 79 67) 9 00 00

*Die Wallfahrts-
kirche auf dem
Schönenberg
bei Ellwangen
ist einen
Umweg wert.*

Vierte Etappe:
Rosenberg-Hohenberg – Abtsgmünd-Reichertshofen

Von Hohenberg aus geht es zunächst den Berg hinab. Man muss
die Muschel im Sturmholz immer wieder gezielt suchen, um an
der Karl-Olga-Linde zu landen. Seit dem Hohenberg sind wir nicht
mehr auf dem Hauptwanderweg 4, sondern der Jakobsweg sucht
sich eigene Straßen und Pfade, orientiert sich jedoch meist weiter
an markierten Wanderwegen des Schwäbischen Albvereins.

Unbedingt lohnenswert ist ein Abstecher in die Dorfkapelle
von Hinterbrand mit den Jakobusfenstern von Sieger Köder. Dann
geht es wieder zurück und nach Süden zum *Hüttenhof*. Hier am

Wirtshaus links und in weitem Bogen nach rechts mit vielen »Schwingen« auf einem Schotterweg zur Straße im Tal und links auf der markierten Strecke nach *Gaishardt*. Das Kirchlein zeigt uns Skulpturen der Madonna und des heiligen Veit.

Beinahe im Halbkreis folgen wir im Ort der Muschel auswärts zum Sportplatz. Doch nun verlassen wir die Straße – ohne Muschel – auf dem geschotterten Weg rechts zum beinahe knochenbrecherischen Abstieg zur Blinden Rot. Im Tal geht es über den Holzsteg und die »Falle« zur Kläranlage. Die Fahrstraße wird gequert und auf alter, steiler Steige erreichen wir *Adelmannsfelden*. Im »Adler« wuchs Franziska von Berninger heran, die als Franziska von Hohenheim, Herzog Carl Eugen von Württembergs Mätresse und spätere Ehefrau, Ruhm errang. Von Adelmannsfelden aus ziehen wir nach *Reichertshofen* weiter.

Wegstrecke:
Rosenberg-Hohenberg – Rosenberg-Hüttenhof – Neuler-Gaishardt – Adelmannsfelden – Abtsgmünd-Reichertshofen

Länge:
19,5 Kilometer

Zeit:
5 Stunden

Fünfte Etappe:
Abtsgmünd-Reichertshofen – Böbingen an der Rems

Der Weg mit der Muschel zieht über Butzenberg nach Hohenstadt. Doch wir schreiten über den Bernhardshof nach *Wöllstein* zur Jakobskapelle (Schlüssel bei Familie Sorg erhältlich) im Bergfried der ehemaligen Burg. Um den 25. Juli herum wird in dem Ort die Tradition des Jakobsfeuers gepflegt.

Nun nehmen wir den Weg zu den Schlosshöfen, durch den Wald nach Frauenhof und weiter westlich am Wald entlang nach *Hohenstadt* mit seinem Schloss und dem ältesten Heckenpark Europas. In der Barockkirche befindet sich ein Epitaph, auf dem Johannes Adelmann von Adelmannsfelden in Pilgertracht dargestellt ist.

Über *Schechingen* mit der am Friedhof gelegenen Kapelle Sankt Joseph mit einer Darstellung der zwei Heiligen Rochus und Jakobus (Schlüssel bei Familie Schaupp erhältlich) kommen wir nach *Heuchlingen*. In der Kirche Sankt Vitus gibt es die Darstellung einer nach dem Dreißigjährigen Krieg gegründeten Skapulierbruderschaft. Nahebei lebte einst der verehrte Gegenreformator Jakobus Silvius. Die Georgs-Kapelle zeigt den Viehheiligen Wendelin – als Pilger mit Stab und Muscheln.

Hinter Brackwang überschreitet man den römischen Limes. Es geht vorbei am Braunhof, am Krausenhof und am Birkhof weiter nach dem Etappenziel *Böbingen an der Rems*.

Wegstrecke:
Abtsgmünd-Reichertshofen – Abtsgmünd-Wöllstein – Abtsgmünd-Hohenstadt – Schechingen – Heuchlingen – Böbingen

Länge:
15,5 Kilometer

Zeit:
4 Stunden

Sechste Etappe:
Böbingen an der Rems – Böhmenkirch

In Unterböbingen ist das Schloss mit der Schlosskapelle zu besichtigen und die Kirche Sankt Joseph mit Franz von Assisi, der 1213 und 1215 nach Santiago de Compostela gegangen sein soll. Über der Rems am Klotzbach liegt Oberböbingen mit einem sehenswerten römischen Kastell und der Kirche Sankt Michael.

Der Weg führt über Beiswang, einer noch heute beliebten, regionalen Wallfahrtsstätte. Nun weiter auf dem Weg mit blauem Kreuz nach *Bargau*. Die heutige Sankt-Jakobs-Kirche

Wegstrecke:
Böbingen – Schwäbisch Gmünd-Bargau – Naturfreundehaus Himmelreich – Falkenberg – Böhmenkirch

Länge:
22,5 Kilometer

Zeit:
5 Stunden

wurde 1911 an alter Stätte neu erbaut. Vom Turm ertönt die Jakobsglocke, und der Kirchenpatron ist mehrfach dargestellt. Bei

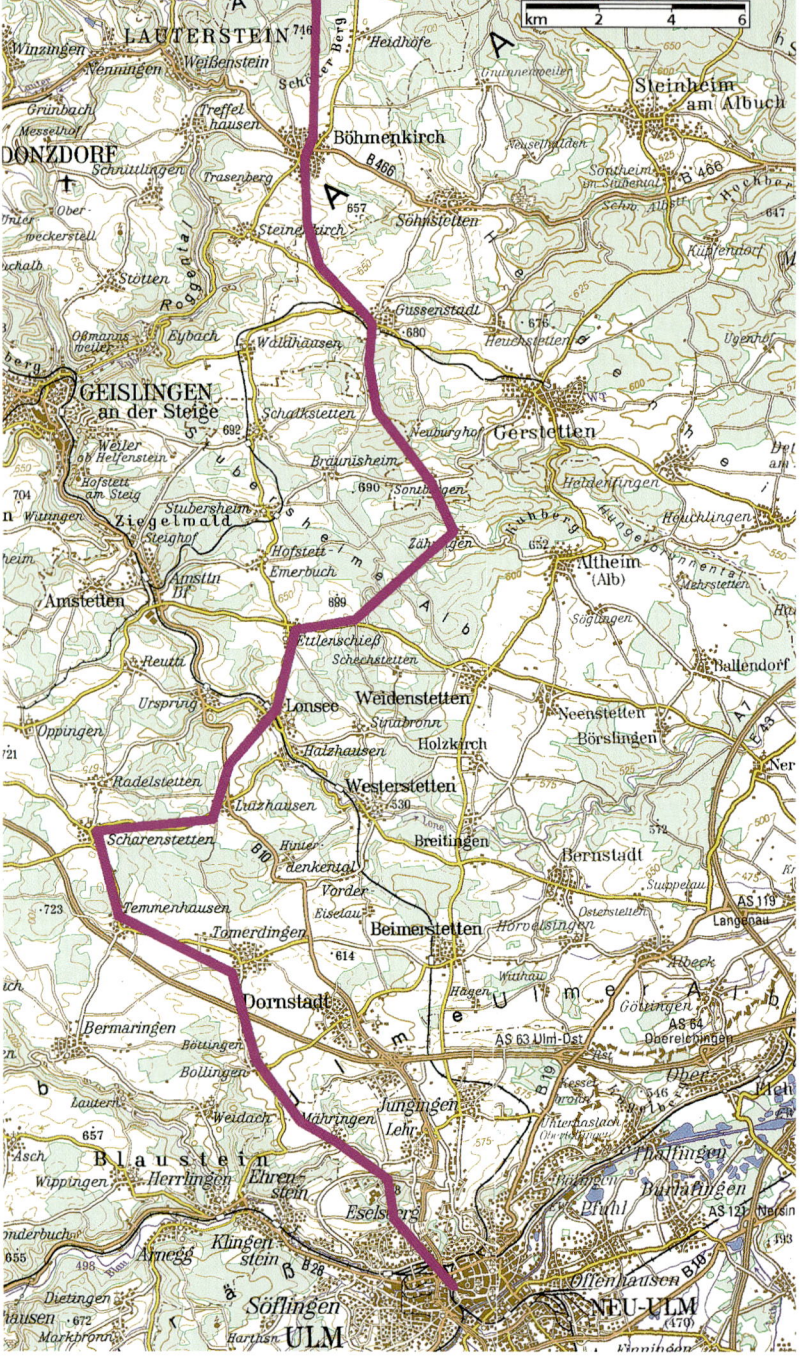

dem Weiler Buch, etwas abseits der Strecke, finden wir die »Sankt-Jakobs-Wiese«, die der Kaplaneibesoldung diente.

Der Weg führt weiter zum so genannten »Himmelreich«. In Beuren gibt es eine Wendelinskapelle, der Heilige zeigt sich hier mit Pilgerhut. In der Nähe liegt die Jakobshöhle, doch stammt der Name der Höhle von dem Einsiedler Jakob aus Beuren. Nun haben wir aber in Heubach das Jacobi-Essen verpasst, das Jacob Uhlmann, 1692 gestorben, an seinem Namenstag den Ratsherren stiftete.

Weiter geht es nach *Böhmenkirch*. Vor dem Ort steht ein Gedenkkreuz mit einer Jakobusdarstellung.

Siebte Etappe: Böhmenkirch – Lonsee

Hippolyts Reliquien kamen durch Böhmenkirch. Dem Heiligen ist die katholische Dorfkirche geweiht. Hier sehen wir auch den heiligen Koloman in muschelverzierter Pilgertracht. In der evangelischen Michaelskirche stellt sich Jakobus als Patron der Apotheker vor. Bis *Gussenstadt* sind es noch 5,5 Kilometer. Von hier aus lenkt ein Kalkschotterweg nach *Sontbergen*, ursprünglich Suntberg. Auf den ab 1356 genannten Kirchenpatron Jakobus weist in der Kirche heute nichts mehr hin.

Wegstrecke:
Böhmenkirch – Gerstetten-Sontbergen – Altheim-Zähringen – Lonsee-Ettlenschieß – Lonsee

Länge:
28 Kilometer

Zeit:
7 Stunden

Der Weg hat als ursprüngliche Marke das »gelbe Ypsilon«. An der Kapelle der heiligen Magdalena machen wir einen kurzen Halt (Schlüssel bei Familie Kohn erhältlich). Im Abendmahlsbild lugt unter dem Stuhl des Judas der Teufel hervor.

Weiter geht es über *Zähringen* und *Ettlenschieß*. Hier steht an der Straße nach Lonsee die Ottilien-Kirche (Schlüssel bei Familie Urban erhältlich). Über die Scheibenstraße wurde in vergangenen Jahrhunderten das in Scheiben »gegossene« Salz durch den Ort gekarrt.

Nun sind es nur noch fünf Kilometer bis *Lonsee*. In der kleinen Ortschaft Sinabronn bei Lonsee ziert seit 1998 eine Muschel den Eingang der Kirche, die auf ein altes Jakobspatrozinium bezogen wird.

Achte Etappe: Lonsee – Ulm

In Lonsee quert die Jakobsroute die alte römische Heerstraße, die von Urspring heraufführt. Die Marienkirche (1108) wurde mit dem Jakobskult verknüpft, sie hieß ab 1366 »Zu unserer lieben Frau und Jakob«.

Bis *Scharenstetten* sind es noch acht Kilometer Weg. Die Ursprünge der evangelischen Laurentiuskirche (Schlüssel bei Familie Schneller erhältlich) reichen ins 11. Jahrhundert zurück. Gezeigt wird die Legende Jakobus de Voragines (1228–1298).

Wegstrecke:
Lonsee – Dornstadt-Scharenstetten – Dornstadt-Temmenhausen – Ulm-Mähringen – Ulm

Länge:
28 Kilometer

Zeit:
7 Stunden

Informationen:
Touristikinformation Ulm, Telefon (07 31) 1 61-28 30

Über das Kliff absteigend gelangt man nach drei Kilometern nach *Temmenhausen*. In der dortigen Nikolauskirche sind gotische Ausmalungen zu sehen sowie etwa 200 Jahre alte Bilder der Reformatoren.

Bis *Mähringen* sind es noch elf Kilometer. Der Ort gehört seit der Gemeindereform – wie viele andere Orte darum herum auch – zu Ulm. Das Altarbild der Kirche, die Maria sowie Peter und Paul geweiht ist, ist der »Ulmer Schule« zuzuordnen.

An der Autobahn gibt es nördlich von Ulm sogar einen Rastplatz »Sankt Jakob« und östlich anschließend den Markungsteil Sankt Jakob bei Langenau.

Nun führt der Weg über Eselsberg nach *Ulm* hinein. Ab hier leitet die gelbe Muschel der Jakobsbruderschaft weiter auf dem Jakobsweg zum Bodensee und weiter nach Einsiedeln in der Schweiz.

Jakobswege in Oberschwaben

Von Gerhilde Fleischer und Wolfgang W. Meyer

eit 1996 weist in Oberschwaben die gelbe Muschel auf blauem Grund Jakobspilgern den Weg. Der Weg wurde auf Anregung des Europarates von jungen Lehrern am Staatlichen Seminar für schulpraktische Ausbildung Meckenbeuren in Zusammenarbeit mit der Deutschen Sankt-Jakobus-Gesellschaft markiert und wird auch von ihnen instand gehalten. Das heißt, dass jedes Frühjahr junge Lehrer einen Kontrollgang auf dem Weg machen und fehlende Markierungen ersetzen. Leitidee für das Projekt war die jahrhundertealte christliche Tradition, die Menschen aus ganz Europa seit dem frühen Mittelalter auf dem Pilgerweg zusammenführt. Wir dürfen uns dankbar daran erinnern, dass wir nicht nur das europäische Zahlungsmittel, den Euro haben, sondern dass wir in Europa einen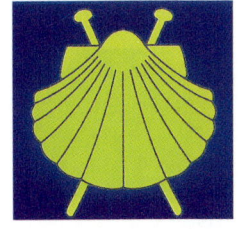
jahrhundertealten Kulturaustausch besitzen. Die Kunst am Jakobsweg gibt ein beredtes Zeugnis davon, und in den spanischen Pilgerunterkünften sind Menschen aus zehn verschiedenen Ländern Europas, ja auch aus Übersee, keine Seltenheit.

Die jungen Lehrer, die an dem Projekt beteiligt waren, haben die grenzüberschreitenden Begegnungen auf dem Pilgerweg erlebt und wollten mit dem Markieren des Weges in Oberschwaben ihren persönlichen Beitrag zu Begegnungen in dem fester zusammenwachsenden Europa leisten und die Idee auch in ihre Schulen hineintragen.

Aufgrund eingehender Jakobsforschung in Süddeutschland gab es genügend Belege, die es ermöglichten, auf eine authentische Wegführung zurückzugreifen. Doch wäre es vermessen, zu sagen, dass auf den markierten Wegen die Jakobspilger schon im Mittelalter gegangen sind.

Belegt sind eben lediglich »Stationen«. So lesen wir in dem Bericht des Nürnbergers Sebald Örtel: »Item ich, Sebolt Orttel reit zu Nürnperg aus gen sant Jacob Item so reit ich den ersten Tag von Nurnperg aus mit meinem Knecht gen Guntzenhausen (...), dann gen Nörling (...), von dann gen Genge. von dann gen New (...), von dann gen Ulm (...) Von dann Rait ich gen Pibrach. von dann gen waingarten (...), von dann gen Mersperg. Darnach führ ich vber den see (...) da lagen wir zu nach zu Koßtznitz (...)«

Der Weg von Ulm nach Konstanz ist ebenso wie der Weg von Nürnberg nach Ulm markiert, und für den Pilger gibt es handliche kleine Führer dazu.

Etwa 200 Kilometer sind es von Nürnberg nach Ulm, etwa 160 von Ulm nach Meersburg. Wer die Gegend bisher nur im Auto erfahren hat, erlebt auf den Wegen den Wechsel der Landschaften: das Feriengebiet am Altmühlsee, das Riesbecken bei Nördlingen, das karge Härtsfeld und die Alb, das Donautal, das Oberland mit seiner vielfältigen Landwirtschaft und das Bodenseegebiet mit seinem Obstbau vor der Kulisse der Alpen. Zu jeder Jahreszeit ist es schön, ob zur Blütezeit im Mai, ob im Hochsommer, wenn man dankbar den Schatten auf Waldwegen genießt oder im Herbst, wenn allerorts der Reichtum der Natur geerntet wird, begleitet von Erntefesten.

Die Orte durch die der Weg führt, erzählen ihre Geschichte, Pilgergeschichte, Religionsgeschichte und europäische Geschichte: Jakobskirchen finden wir nicht in großer Zahl, und doch liegen sie wie kostbare Perlen an unserem Weg in Nürnberg, Abenberg, Oettingen, Albeck, Grimmelfingen, Laupertshausen, Muttensweiler, Brochenzell und Ahausen in der Nähe von Meersburg. Dann begegnen uns die Namen von Pilgern: zum Beispiel Peter Rieter (1428), der schon genannte Sebald Örtel (1521) und Andreas Imhoff (1505 und 1514), alle drei aus Nürnberg, in Bad Waldsee Georg Truchseß von Waldburg-Wolfegg, der Bauernjörg (1517), im nahe bei Weingarten gelegenen Waldburg der selige Habnit (16. Jahrhundert). Wir entdecken Wappen mit Muscheln, so in der Gegend von Nürnberg das Wappen der Eyb mit drei Muscheln. Auch die kleine Ortschaft Laupertshausen führt zwei Jakobsmuscheln mit dem Schwert der Santiago-Ritter im Wappen.

Die Kunst am Weg lässt – teils mehr, teils weniger – Bezüge
zum Jakobskult erkennen. Auf dem Wegstück *von Nürnberg nach
Ulm* ist wenig zu finden. Die Reformation hat gründlich aufge-
räumt; so freut man sich, wenn man im Chor der Klosterruine
Christgarten in der Predella des Altars einen alten Jakobus findet.
Ebenso über die Jakobusplastik auf dem Schalldeckel der Kanzel
in Abenberg und im gotischen Wandgemälde in der Stadtpfarrkirche in Gunzenhausen, wo unser Pilgerpatron in der Reihe der
Apostel mit seinem Satz des Credo Apostolorum »empfangen
durch den Heiligen Geist, geboren von der Jungfrau Maria« dargestellt ist. Auch im barocken Deckengemälde der Klosterkirche
Neresheim finden wir, wie oft im »barocken Himmel«, einen Jakobspilger.

Das neu erwachte Interesse am Jakobskult hat aber gerade in
dieser Gegend zu neuer künstlerischer Gestaltung angeregt:
Dürrenmungenau hat vor wenigen Jahren mit dem Konfirman-
denopfer eine Jakobusfigur in seine Kirche geholt, Neuenmuhr
hat anlässlich der letzten Kirchenrenovierung eine Jakobus-
Schnitzfigur erhalten, in Gunzenhausen finden wir eine Jakobus-
Plastik an einer Säule beim Südportal, in Oettingen hat der
Künstler Steinacker, der auf der Burg Spielberg lebt und arbeitet,
vor der Jakobskirche die Bronzefigur eines Jakobspilgers geschaffen.

Wie viel alte Zeugnisse des Jakobskultes finden wir dagegen im
Oberland: In Ersingen durfte in der evangelischen Franziskuskirche
der spätgotische Altar, der in der Predella die zwölf Apostel darstellt, auch nach der Reformation bleiben, in Rißtissen sind Plasti-
ken der zwölf Apostel im Schiff angebracht, in Schemmerberg ist
außen an der Südseite eine Ölbergszene, zu der unser Jakobus
gehört. In Laupertshausen begegnen uns vielfältige Jakobusdarstellungen, schon an einem Bauernhaus finden wir eine alte Plastik,
dann steht der Heilige im Innern der Kirche als Altarfigur links von
dem Tafelgemälde, das den Tod Mariens darstellt, eine weitere
Jakobusfigur befindet sich an der Südwand des Kirchenschiffes.

In Biberach konnten sich im Schiff die Tafelgemälde mit den
zwölf Aposteln halten trotz der Doppelnutzung durch beide Konfessionen, die ununterbrochen seit der Reformation praktiziert

wird. In der Christuskapelle in Grod hat eine alte Jakobusfigur aus der alten Kapelle eine neue Heimat gefunden, und kurz vor Steinhausen heißt uns eine Jakobusfigur über dem Eingang der Jakobskirche von Muttensweiler willkommen, eine Holzplastik steht im Innern am südlichen Seitenschiff und im Tafelgemälde des Altars ist das Martyrium des Jakobus dargestellt. In Weingarten ist an einem Altar im südlichen Seitenschiff ebenfalls die Enthauptung des Jakobus dargestellt, und im Deckengemälde kommt ein Jakobspilger zur Verehrung der Heiligblut-Reliquie. In Brochenzell erwartet eine schöne spätgotische Schnitzfigur am linken Seitenaltar die Jakobspilger.

Als neue Zeichen der Jakobsverehrung seien für diesen Raum genannt: der Pilgerbrunnen in Oberdischingen und die Bronzetafel im inneren Klosterhof in Weingarten mit dem Hinweis »Santiago de Compostela 2000 km«. Die Aufzählung erhebt keinen Anspruch auf Vollständigkeit. Sie sollte hauptsächlich verdeutlichen, welche Einbußen an Kunstschätzen die Reformation in einigen Gebieten mit sich gebracht hat, auch als Mahnung, dass modernes Kunstverständnis und moderne religiöse Interpretation nie Maßstab für »gut« oder »schlecht« sein kann, sondern immer auch tolerant sein sollte gegenüber anderen Stilrichtungen.

Von Ulm nach Konstanz in acht Etappen

Gesamtstrecke: 167 Kilometer

Karten: Wanderkarten 1 : 50 000 des Landesvermessungsamtes Baden-Württemberg in Zusammenarbeit mit dem Schwäbischen Albverein, Blatt 19, 21, 23, 24

Unterkunft: Es gibt außer den genannten Hotels noch weitere. Setzen Sie sich bei Fragen mit den örtlichen Fremdenverkehrseinrichtungen in Verbindung.

Erste Etappe: Ulm – Oberdischingen

In Ulm ist der Chor des Münsters als Ausgangspunkt für unsere Pilgerwanderung besonders geeignet. Der Kirchturm der gotischen Kirche ist mit 161 Metern der höchste der Welt. Seine Formgebung und das leichte Mauerwerk verstärken den Eindruck der gewaltigen Höhe. Um 1370 begann Heinrich Parler mit dem Bau des Münsters. Die Fertigstellung erfolgte gegen Ende des folgenden Jahrhunderts, mit Ausnahme des Turms, der erst 1890 vollendet wurde. Das Innere ist mit emporstrebenden Säulen und einem hohen Gewölbe ausgestattet. Die Chorstühle sind reich mit Schnitzereien verziert, die zu den schönsten gotischen Holzarbeiten gehören.

Wegstrecke:
Ulm (Donau) –
Ulm-Grimmelfingen
– Erbach-Donaurieden –
Oberdischingen

Länge:
21 Kilometer

Zeit:
5 Stunden

Informationen:
Tourist-Information
Ulm/Neu-Ulm,
Telefon (07 31) 1 61 28 30

Unterkunft: Hotel
Garni Zur Krone,
Oberdischingen,
Telefon (0 73 05) 72 46;
Gasthof Adler, Donaurieden,
Telefon (0 73 05) 63 09

Der Weg führt zunächst durch das Fischerviertel. Wir passieren eine Gedenktafel an der Kreissparkasse, die an die Reichspogromnacht 1938 erinnert, als die Synagoge von den Nazis niedergebrannt wurde. Es geht weiter durch den alten Teil von Ulm mit seinen schönen Fachwerkhäusern, weiter über die Blau und hin zur alten Stadtmauer und zur Donau. In südwestlicher Richtung geht es über den Kuhberg an dem ehemaligen Konzentrationslager »Oberer Kuhberg« vorbei weiter nach Grimmelfingen. Dort erhebt sich die erste Jakobskirche auf dieser Wanderung.

Der Weg setzt sich weiter über Einsingen nach Erbach fort. Pilger nehmen für sich in Anspruch, bei entsprechender Witterung die Vesperpause in die Kirche Sankt Martin zu verlegen. Der Weg

Jakobsbrunnen in Oberdischingen

steigt ab Donaurieden nochmals an und fällt vor *Oberdischingen* wieder ab.

In Oberdischingen fängt ein moderner Brunnen, in dem ein müder Pilgerpatron ruht, sofort den Blick des neugierigen Besuchers ein. So wird es manchem Wanderer gehen, denkt er, der sich auf langen Teerwegen müde gelaufen hat. So sitzt er da, Jakobus, den Blick in die Ferne gerichtet, die Hände müde und entspannt auf den Oberschenkeln abgelegt.

Gleich hinter dem Brunnen steht das Cursillo-Haus Sankt Jakobus, eine Bildungs- und Begegnungsstätte der Diözese Rottenburg.

Zweite Etappe: Oberdischingen – Maselheim-Äpfingen

Vom Cursillo-Haus geht der Weg weiter in Richtung Dorf, wendet sich hinter der Pfarrkirche nach rechts und setzt sich über die Felder fort. Wir überqueren die B 311 sowie die Donau und erreichen *Ersingen*. Links liegt die Franziskuskirche, eine evangelische Barockkirche. Wir finden dort eine Abbildung des Jakobus, zusammen mit Christus und den übrigen Aposteln. Von Ersingen nach Rißtissen bleiben wir auf dem Radweg neben der Kreisstraße.

Wegstrecke: Oberdischingen – Erbach-Ersingen – Ehingen (Donau)-Rißtissen – Laupheim-Niederkirch – Laupheim-Untersulmetingen – Schemmerhofen-Schemmerberg – Maselheim-Äpfingen

Länge: 23 Kilometer

Zeit: 6 Stunden

Informationen: Gemeinde Maselheim, Telefon (0 73 51) 1 84 00

Unterkunft: Gasthof Adler, Maselheim-Äpfingen, Telefon (0 73 56) 23 03; Gasthof Zum Sand, Maselheim-Äpfingen, Telefon (0 73 56) 28 19

Die Kirche Sankt Pankratius und Dorothea in *Rißtissen*, die am Ende eines abwärts führenden und schönen Fußwegs liegt, zeigt im Sockel römische Reliefs und Inschriftensteine. Da sich spätere Handels- und Wirtschaftswege meist auf ehemaligen römischen Heerwegen gründeten und geografische Gegebenheiten kaum Varianten zuließen, ist es wenig verwunderlich, immer wieder auf römische Überreste zu stoßen.

Am Ortsende steht die spätgotische Leonhardskapelle. Auf dem großen Flügelaltar finden wir inmitten der Apostel auch Jakobus, der an seinen Attributen leicht zu erkennen ist.

Auf der Landstraße geht es nun über Niederkirch weiter nach *Untersulmetingen*. Hier steht das Renaissanceschloss für Besichtigungen offen. Durch Obersulmetingen führt der Weg weiter nach *Schemmerberg*. Vor der Ankunft in *Äpfingen* muss aber noch ein steiles Stück Weg durch alten Obstbestand bewältigt werden.

Dritte Etappe: Maselheim-Äpfingen – Ingoldingen-Muttensweiler/Bad Schussenried-Steinhausen

Der Weg setzt sich, nun häufiger auf Wald- oder Wiesenwegen, von Äpfingen über Laupertshausen und Mettenberg nach Biberach fort.

In *Laupertshausen* entdecken wir an einem alten Bauernhaus unterhalb der Kirche eine Figur des Jakobus. Die Kirche selbst ist Jakobus und Pelagius geweiht. Im Inneren gibt es eine Besonderheit für den schwäbischen Raum zu sehen: Fünf Tafelbilder an der Orgelempore erzählen Geschichten oder Legenden um den Pilgerpatron. Die erste Tafel zeigt Maria auf der Säule: Jakobus, erfolglos geblieben in seinen ersten Bemühungen, in Spanien zu missionieren, erscheint im Traum die Jungfrau Maria. Sie ermutigt ihn und regt ihn an, eine Kirche zu errichten. Auf der zweiten Tafel sieht man, wie Jakobus auf dem Weg zu seiner Hinrichtung einen Kranken heilt. Die dritte Tafel zeigt die Enthauptung des Jakobus, die vierte Tafel stellt Jakobus Matamoros als Kämpfer im Gefecht gegen die Mauren dar, und die fünfte Tafel zeigt das Galgenwunder (siehe

 Wegstrecke:
Maselheim-Äpfingen – Maselheim-Laupertshausen – Biberach-Mettenberg – Biberach an der Riß – Ingoldingen-Muttensweiler

 Länge:
24 Kilometer

 Zeit:
6 Stunden

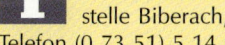 **Informationen:**
Fremdenverkehrsstelle Biberach,
Telefon (0 73 51) 5 14 83

 Unterkunft:
Gasthof Zur Linde, Bad Schussenried-Steinhausen, Tel. (0 75 83) 22 34; Gasthof Löwen, Ingoldingen-Muttensweiler, Telefon (0 75 83) 31 65

Seite 28). Das Altarbild zeigt das Martyrium des Apostels. Eingerahmt wird der Altar auf der rechten Seite durch eine Statue des Pelagius und auf der linken Seite durch eine Figur des Jakobus.

Der Weg führt nun in Richtung *Mettenberg* und dann nach einer Abzweigung nach links auf dem Könighofer Weg weiter.

Später stoßen wir auf einen Weg des Schwäbischen Albvereins, dem wir bis *Biberach an der Riss* folgen können. Wir betreten die Stadt auf eine Weise, wie sie vor uns sicherlich schon viele Pilger betreten haben, nämlich durch das noch erhaltene Stadttor.

Hier, in Biberach, gibt es eine Besonderheit: Die Stadtpfarrkirche wird seit der Reformation von beiden Konfessionen in einem festen Wechsel benutzt. Selbst die Stromzähler der beiden Kirchengemeinden sind darauf abgestimmt.

Höhepunkt eines jeden Jahres in Biberach ist Anfang Juli das Schützenfest. Neun Tage lang feiern die »Biber« ihr traditionsreiches Fest, dessen Ursprung als Kinder- und Heimatfest bis ins 17. Jahrhundert zurück reicht. Es »schützelet« heißt es in der Stadt, wenn sich die Trommler und Pfeifer auf das Schützenfest vorbereiten. Besonders prächtig ist der historische Umzug, der die Stadtgeschichte von der Stauferzeit bis zur Bismarck-Ära lebendig werden lässt.

Der Weg setzt sich am Wolfenbach entlang in Richtung Reute fort. Am Ortsende verlassen wir die Hauptstraße, gehen nach links zum Wald hinauf und erreichen nach etwa fünf Kilometern den Ort Groth. Dort finden wir unseren Pilgerpatron in der Christuskapelle. Kurze Zeit später können wir *Muttensweiler* sehen und erreichen nach weniger als zwei Kilometern die Kirche des Dorfes. Überm Westportal erblicken wir Jakobus. Im Innern steht er als schlichte Schnitzfigur an der Südwand und auf dem Altarbild ist seine Hinrichtung abgebildet.

Über die Bachstraße verlassen wir den Ort und erreichen nach etwas mehr als einem Kilometer *Steinhausen*.

Die Wallfahrtskirche in Steinhausen, auch als schönste Dorfkirche der Welt bezeichnet, wurde zwischen 1728 und 1733 erbaut. Sie ist vollkommen im Stil des Rokoko errichtet worden. Architektur, Gemälde und Dekorationen verschmelzen zu einem einheitlichen Ganzen. Dieses entstand durch die enge Zusammenarbeit zwischen dem Architekten Dominikus Zimmermann und seinem Bruder, dem Maler Johann Baptist Zimmermann.

Vierte Etappe:
Bad Schussenried-Steinhausen – Bad Waldsee

Ab Steinhausen folgen wir dem Hauptwanderweg 5 vom Schwäbischen Albverein noch einige Zeit, verlassen dann die Straße nach rechts und bleiben nun bis zum Ende dieser Etappe meist auf Waldwegen. Es gilt, sich an diesem Tag gut mit Proviant zu versorgen, da es nur in Winterstettenstadt einen Gasthof gibt.

Kurz vor Winterstettenstadt bemerken wir rechts am Weg das so genannte »Franzosengrab«, welches an die Zeit des Dreißigjährigen Krieges erinnert. Für die Pilger vielleicht ein Ort, wo man sich darauf besinnen kann, dass dieses freizügige Reisen erst seit wenigen Jahrzehnten möglich geworden ist.

Wegstrecke:
Bad Schussenried-Steinhausen – Ingoldingen-Winterstettenstadt – Bad Waldsee

Länge:
24 Kilometer

Zeit:
6 Stunden

Informationen:
Tourist-Information Bad Waldsee,
Telefon (0 75 24) 94 13 42

Unterkunft:
Hotel Rössle,
Bad Waldsee,
Telefon (0 75 24) 4 01 00

Nach Winterstettenstadt geht es den Burgweg hinauf, an den Resten einer Burganlage vorbei in Richtung Wald. Dort wendet sich der Weg nach links und nach Verlassen des Waldes stoßen wir auf einen Fahrweg, den wir kurze Zeit später nach rechts aufgeben. Es geht nun längere Zeit am Waldrand entlang, über die B 30 und anschließend folgt ein kurzer aber kräftiger Aufstieg. Nach weiteren sechs Kilometern erreichen wir *Bad Waldsee*.

Eine interessante Sehenswürdigkeit und das Wahrzeichen von Bad Waldsee sind die Doppeltürme der Stiftskirche Sankt Peter. Auch der Rathausplatz mit dem spätgotischen Rathaus von 1426 lohnen einen kleinen Rundgang.

In Bad Waldsee geht der Weg kurze Zeit am See entlang und passiert das Spital, das um 1300 das erste Mal erwähnt wurde.

Die neugotische Schaufassade samt Glockentürmchen bekam das Spital 1856.

In der Frauenbergkapelle finden wir oben links am Altar Jakobus – in der Gestalt eines gut gelaunten, grüßenden Edelmanns.

Im Stadtmuseum wird ein im See gefundener Becher ausgestellt, von dem vermutet wird, dass es sich um einen Pilgerbecher handelt. Zweifel an dieser Vermutung sind erlaubt. Doch gibt es noch einen anderen, viel wichtigeren Beleg für die Existenz des Jakobskults: Schon 1524 wird hier eine Jakobusbruderschaft nachgewiesen!

Fünfte Etappe: Bad Waldsee – Weingarten

In Bad Waldsee nehmen wir den Weg, der zur Frauenbergkapelle hinaufführt und als Stationenweg ausgestaltet ist. Es geht weiter durch ein Neubaugebiet, über eine Brücke in den Wald. An dessen Ende nehmen wir die Abzweigung nach links. Wir bleiben im offenen Gelände, und unser Blick kann sich jetzt über die hügelige Allgäulandschaft weiten.

Außerhalb des Weges kann die Kirche Sankt Philippus und Jakobus in Bergatreute besucht werden.

Seit Bad Waldsee befinden wir uns auf markierten Albvereinswegen (roter Kreis), denen wir bis Weingarten folgen. Nach dem Bergatreuter Forst ist in den Karten noch ein »Jakobsbrunnen« verzeichnet. Wir überqueren die L 314 nahe des Campingplatzes, verlassen die Straße über eine Brücke beim Waldbad von Baienfurt, steigen durch den Baienfurter Forst auf und erreichen Köpfingen.

 Wegstrecke:
Bad Waldsee – Bergatreute – Baienfurt-Köpfingen – Weingarten

 Länge:
21 Kilometer

 Zeit:
5 Stunden

 Informationen:
Tourist-Information Weingarten, Telefon (07 51) 40 51 53, Tourist-Information Ravensburg, Tel. (07 51) 8 23 24

In der Gaststube in Köpfingen besteht nach langer Gehzeit endlich wieder eine Einkehrmöglichkeit. Die letzten zwei Kilometer folgen wir einem Wiesenweg, in dem wir nach rechts abbiegen. Von hier ist die Stadt *Weingarten* schon sichtbar.

Vermutlich war das Kloster in Weingarten eine wichtige Durchgangsstation für Pilger. In der Basilika finden wir am westlichen Deckenfresko zwei Jakobspilger. Im südlichen Seitenschiff ist der mittlere Altar Jakobus geweiht.

Sechste Etappe:
Weingarten – Meckenbeuren-Brochenzell

Wir gehen vom Weingartener Münsterplatz hinunter zum Rathaus, am Hotel Sternen vorbei und folgen einem Waldweg bergauf. Der Weg bleibt auf der Höhe, wendet an einem Wildgehege vorbei und führt über eine Vorstadtstraße durch das Frauentor in die Altstadt von Ravensburg.

In Ravensburg gilt ein erster Besuch der Marienkapelle in der Liebfrauenkirche von 1250. Der heutige Bau wurde um 1360 begonnen, aus dieser Zeit stammt das Tympanon am früher überdachten Westportal mit Darstellungen des Marienlebens. Die ursprünglich dreischiffige Basilika wurde wohl noch im 15. Jahrhundert durch ein südliches Seitenschiff erweitert.

Wegstrecke: Weingarten – Meckenbeuren-Brochenzell

Länge:
23 Kilometer

Zeit:
6 Stunden

Informationen:
Gemeinde Meckenbeuren, Telefon (0 75 42) 40 30

Unterkunft:
Andreas-Hofer-Stuben, Meckenbeuren-Brochenzell, Telefon (0 75 42) 41 87; Humpisstüble, Meckenbeuren-Brochenzell, Tel. (0 75 42) 2 22 07. Nur Privatquartiere vorhanden.

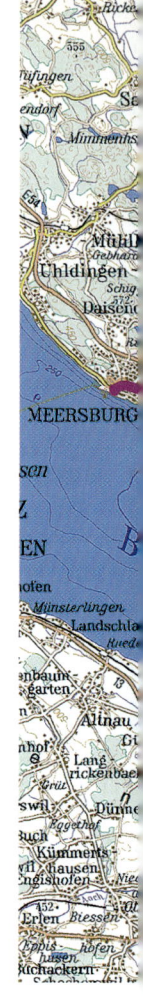

Wenn wir über den Marienplatz gehen, finden wir rechts die dem heiligen Jodok geweihte Pfarrkirche von 1385. Sie war kirchenrechtlich einst dem Kloster Weißenau unterstellt. Die unverputzte, dreischiffige und flachgedeckte Basilika des 14. Jahrhunderts hat ihren ursprünglichen Charakter fast ganz bewahrt. Jodok ist seiner Erscheinung nach dem Jakobspilger ähnlich und taucht immer wieder im Zusammenhang mit Jakobsbruderschaften auf.

Statue des heiligen Jakobus in Brochenzell

Der Weg verlässt die Stadt westlich durch das Untertor, führt über die Bahnlinie und die Schussen. Durch die Weststadt geht der Weg hinauf und beim Wasserspeicher weiter durch den Adelsreuter Wald. Sieben Kilometer nach Ravensburg verlassen wir den Wanderweg des Schwäbischen Albvereins und gehen nach links immer geradeaus. Im Hotterloch kann es etwas abenteuerlicher werden. Es geht nun weiter durch den Wald bis nach *Brochenzell*. Eine Einkehrmöglichkeit besteht unterwegs in Weiler, gleich neben der Überführung über die Bahnlinie.

Brochenzell hat eine Jakobuskirche von 1624, mit einem neuen Schiff von 1972 (das alte Schiff ist jetzt der Chor) – und einen Pfarrer, der seine Verbundenheit mit den Jakobspilgern spürbar werden lässt.

Siebte Etappe: Meckenbeuren-Brochenzell – Markdorf

Diese Etappe ist deutlich kürzer als die vorhergehende. Der Weg hat, um Brochenzell zu treffen, einen großen Bogen geschlagen und geht deshalb jetzt in westlicher Richtung weiter.

Wir passieren *Unterteuringen*, einen Ortsteil von Oberteuringen, *Leimbach*, *Mögenweiler* und erreichen *Markdorf*.

Vor den Mauern der Altstadt steht rechts in einem kleinen Park die Mauritiuskapelle. Nachdem der Wanderer durch das Stadttor gegangen ist, sieht er auf die Kirche Sankt Nikolaus hinab. In der Kirche findet man eine Jakobus-Statue an der Nordwand des Kirchenschiffs.

Etwa fünf Kilometer westlich von Markdorf, abseits des eigentlichen Pilgerwegs, befindet sich die Jakobskirche von *Ahausen* mit mehren Jakobusdarstellungen.

 Wegstrecke: Meckenbeuren-Brochenzell – Oberteuringen-Unterteuringen – Markdorf-Leimbach – Markdorf-Möggenweiler – Markdorf

 Länge: 16 Kilometer

 Zeit: 4 Stunden

 Informationen: Verkehrsamt Markdorf, Telefon (0 75 44) 50 02 90

 Unterkunft: Gasthof Krone, Markdorf, Tel. (0 75 44) 45 02

Achte Etappe: Markdorf – Konstanz

Wir verlassen Markdorf auf einem Wanderweg des Schwäbischen Albvereins (blauer Strich) und müssen zuerst bis zu einem Wanderparkplatz entlang der B 33 in Richtung Meersburg gehen. Der Weg biegt nach rechts ab, führt durch ein Wäldchen und anschließend weiter nach links. Wir überqueren die Verbindungsstraße zwischen Ittendorf und Ahausen und sehen knapp drei Kilometer später auf der linken Seite die malerische Kapelle von *Breitenbach*.

An der Eingangstür ist ein Fischgrätenmuster angebracht. Dies verleiht der Kapelle eine gewisse Behäbigkeit. In der spätgotischen Kapelle finden sich schöne Rötelkritzeleien von Pilgern. Ähnliche können im ganzen Bodenseeraum beobachtet werden. Belegbar ist, dass die Kapelle schon im 16. Jahrhundert Bestand hatte. Ob es einen romanischen Vorläuferbau gab, ist ungewiss. Aber sicherlich hat sie vielen Pilgern Unterschlupf gewährt, was diese ihr dann mit »Graffiti« gedankt haben.

Auf einer Forststraße geht es weiter, dann aus dem dunklen Wald heraus, durch weite Obstplantagen und schließlich durch das laute Industriegebiet ins Stadtzentrum von *Meersburg*.

Wegstrecke:
Markdorf – Markdorf-Breitenbach – Meersburg (– Konstanz)

Länge:
15 Kilometer

Zeit:
4 Stunden

Informationen:
Tourist-Information Meersburg,
Telefon (0 75 32) 1 94 33 oder 43 11 12

Verkehrsanbindung:
Fähre Meersburg–Konstanz, ganztägig.

Linker Hand liegt der Friedhof, auf dem die Dichterin Annette von Droste-Hülshoff (1797–1848) ihre letzte Ruhestätte (gleich links vom Eingang) gefunden hat. Sie hat in den Jahren von 1841 bis 1848 im Alten Schloss gelebt. Das »Fürstenhäusle« oberhalb der Altstadt, ein von der Dichterin erworbenes Rebhäuschen, wurde als kleines, ihr gewidmetes Museum eingerichtet.

Hinweise auf Pilger und die mit ihnen verbundenen Einrichtungen sind nicht eindeutig erkennbar. Vermutlich war Meersburg, das sich am schmalen Bodenseeufer und am steilen Hang eines Molassefelsens erstreckt, eine recht bescheidene Ansiedlung. Nach der furchtbaren Pest von 1635/36 besaß Meersburg gerade noch 200 bis 300 Bewohner.

Von Ulm nach Nonnenhorn in sieben Etappen

Gesamtstrecke:
159 Kilometer

Die ersten sechs Etappen sind im vorhergehenden Abschnitt beschrieben. Übersichtskarte siehe Seite 148/149.

Siebte Etappe:
Meckenbeuren-Brochenzell – Nonnenhorn

Von Brochenzell aus gehen wir auf der B 30 in südlicher Richtung und biegen vor der Kirche nach links ab. Wir gehen weiter auf einem Feldweg durch Hopfenanlagen und unterqueren nach zwei Kilometern die B 467. Bei Fünfehrlen kommen wir auf die Zufahrtsstraße nach Tettnang und folgen ihr bis ins Zentrum.

Bei der Kirche treffen wir auf den Hauptwanderweg 9 des Schwäbischen Albvereins und folgen ihm in südlicher Richtung. Nachdem wir Tettnang verlassen haben, überqueren wir die B 467 in der Nähe eines Wanderparkplatzes und bleiben nun für zwei Kilometer im Wald. An einer Wegverzweigung halten wir uns links und unterqueren zum dritten Mal die B 467. Anschließend treffen wir die Kreisstraße, die uns kurze Zeit später über die Gießenbrücke bringt.

Wegstrecke:
Meckenbeuren-Brochenzell – Tettnang – Nonnenhorn

Länge:
23 Kilometer

Zeit:
6¹/₂ Stunden

Informationen:
Verkehrsamt Nonnenhorn,
Telefon (0 83 82) 82 50

Verkehrsanbindung:
Fährverbindungen nach Rorschach

Rechts sehen wir das Schloss Gießen, an dem wir, immer noch auf dem Wanderweg, links vorbeigehen. Jetzt steigt der Weg hinauf zum Heiligenhof und weiter hoch zur Straße, der wir nach links bis Nitzenweiler folgen.

Wir biegen nach Süden ab und befinden uns auf dem Weg mit einem blauen Strich als Markierung. Ihm folgen wir bis Gattnau, biegen nach links in Richtung Arensweiler ab. Wieder in südlicher Richtung geht der Weg zuerst bergab, dann hinauf zum Wald.

Durch schöne Obstgärten schreiten wir voran und sehen bald die Kapelle des heiligen Anton rechts vor uns liegen. An ihr vorbei durch *Selmnau,* rechts vorbei an Hattnau erreichen wir die Zu-

*Jakobuskapelle
in Nonnenhorn*

fahrtsstraße nach *Nonnenhorn*. Noch zwei Kilometer weiter, und
wir befinden uns im Zentrum.

Die Jakobuskapelle in Nonnenhorn mit ihren spitzbogigen
Fenstern und einem Hochaltar mit sehenswerten Statuen des heiligen Ulrich und der heiligen Afra sollte unbedingt aufgesucht
werden. Die wertvollsten Figuren der Kapelle stammen aus der
Spätgotik. Die Holzplastiken Johannes des Täufers und der Katharina im linken Seitenschiff gelten als ein Jugendwerk des Holz-
schnitzers Johannes Ruhlands aus Ruhlands bei Opfenbach (um
1470). Seine drei besonders wertvollen Figuren auf dem rechten
Seitenaltar stellen Jakobus mit Pilgerhut und Pilgertasche, Petrus
und den Evangelisten Johannes dar.

*Statue
des heiligen
Jakobus
in der
Jakobuskapelle
Nonnenhorn*

Eine völlig gleichartige Darstellung des Jakobus von 1490 findet sich in der bischöflichen Hauskapelle in Trier, wo der Künstler auch seinen vollen Namen hinterlassen hat.

Der Pilgerpatron ist noch einmal durch eine kleine, hübsche Holzschnitzerei von 1720 auf der linken Seite des Chors vertreten. Auch eine Darstellung von Sankt Nikolaus von 1680, dem Patron der Seefahrer, darf hier am See nicht fehlen.

Jakobswege in der Schweiz

Im Mittelalter wurde die Pilgerroute, die aus dem süddeutschen Raum über Konstanz auf schweizerischem Gebiet nach Einsiedeln führt, die »obere Straße« genannt. In der ehemaligen Bischofsstadt Konstanz haben sich mehrere Wege vereint. Das hat dazu geführt, dass die Zahl der Pilger, die sich oft in Gruppen zusammenschlossen, auf den folgenden Wegstrecken wesentlich höher war. Deshalb ist diese Wallfahrtsstrecke im Volksmund als »Schwabenweg« erhalten geblieben. Während weiter nördlich kaum ein Hinweis auf Pilgerherbergen gefunden werden konnte, steigt die Zahl der Belege ab Konstanz stark an.

Die Markierung des Schwabenweges war schon 1991 abgeschlossen, gerade vier Jahre, nachdem der Jakobspilgerweg durch den Europarat zum ersten europäischen Kulturwanderweg ausgerufen worden war. Ein Anlass hierzu war die 700-Jahr-Feier der Eidgenossenschaft.

Eine Reaktivierung eines Pilgerwegs von Rorschach nach Schmerikon wurde in den Jahren 1992 bis 1998 durchgeführt. Die beiden Wege, die sich nahe des Etzelpasses südlich von Pfäffikon vereinen, wurden von den Pilgern als sehr unterschiedlich empfunden. Von der Rorschacher Strecke ist bekannt, dass Wanderer über die Bergaufstiege und die wenigen flachen Wegstücke klagten.

Der Schwabenweg hingegen wird heute trotz vieler Asphaltwege allgemein als gut begehbar beurteilt; es fallen sogar Bemerkungen wie »Genusswandern«, wenn von diesem Weg die Rede ist.

In diesem Kapitel werden jeweils Übernachtungsmöglichkeiten angegeben. Es handelt sich dabei meist um die einzigen Herbergen in den jeweiligen Orten.

Die Zeitangaben der einzelnen Etappen sind äußerst knapp bemessen. Es sind »stramme« Gehzeiten; wenn man ein wenig schauen will, sich an Besichtigungsstationen aufhält, kommt man mit diesen Zeiten nicht zurecht.

Der Schwabenweg von Konstanz nach Einsiedeln in fünf Etappen

Die ersten beiden Etappen des 1991 ausgewiesenen Thurgauer Pilgerweges konnten nicht immer der historischen Linienführung folgen, der Wanderer wäre sonst häufig gezwungen gewesen, entlang viel befahrener Straßen zu gehen. Es wurden deswegen andere, landschaftlich sehr schöne Strecken gesucht. Doch die Fixpunkte – als Zeugen der Pilgerfahrt nach Santiago de Compostela – blieben erhalten.

Gesamtstrecke:
88 Kilometer

Karte:
Thurgauer Wanderkarte 1 : 50 000,
Huber-Verlag

Erste Etappe: Konstanz – Märstetten

Der Weg beginnt bei der Mauritiusrotunde im Münster von Konstanz. Im benachbarten Kloster können sich die Pilger den Pilgersegen geben lassen. Es empfiehlt sich, mit dem Pater einen Termin auszumachen, da er oft unter Zeitdruck steht.

Wir passieren mehrere umgewidmete Spitäler, die ehemalige Jodok-Kapelle und das »Haus zum Pilgerstab«. In Konstanz existierten zwei Pilgerherbergen, neben dem genannten noch das »Haus zum Engel«.

Am Schnetztor unterquert der Weg eine Straßenkreuzung und setzt sich längs einer viel befahrenen Ausfallstraße nach

Wegstrecke:
Konstanz – Bernrain – Schwaderloh – Ellighausen-Lippoldswilen – Wald – Märstetten

Länge:
16 Kilometer

Zeit:
4$^1/_2$ Stunden

Informationen:
Gemeinde Märstetten, Telefon (00 41) (0) 7 16 58 60 00

Unterkunft:
Hotel Kreuzstrasse, Märstetten, Telefon (00 41) (0) 7 16 57 11 20

Wegweiser nach Santiago vor dem Konstanzer Münster

Kreuzlingen und *Emmishofen* fort. Im Bereich der Bahnunterführung am Stadtrand von Konstanz ist die Beschilderung unterbrochen. Man muss sich zum richtigen Weg durchfragen.

Hinweise auf die Jakobspilger finden sich in den Flurnamen »Pilgerweg« und »Jakobshöhe« kurz hinter dem Bahnhof von Kreuzlingen. Weiterhin existierten in Emmishofen zwei Pilgerherbergen, namens »Grödelin« und »Zum englischen Gruss«. Letztere besteht heute noch unter dem Namen »Gasthof Adler«.

An einem Wasserlauf entlang folgen wir einem schönen Weg in Richtung Bernrain, der nur mäßig ansteigt. Ein herrlicher Blick zurück auf den Bodensee belohnt die Mühe.

Nach einer guten Stunde erreicht der Wanderer die Wallfahrtskapelle von *Bernrain*.

Die spätgotische *Wallfahrtskapelle Heilig-Kreuz* wurde von dem Konstanzer Leinenweber Johann Kranzlein gestiftet und 1388 aufgebaut. Eine liebevolle Legende erzählt von diesem Ort, dass ein Lausbub namens Schappeler an dem Wegekreuz gelästert und die Jesusfigur an der Nase gefasst habe. Dabei blieb er haften und kam nicht mehr los. Erst als seine Mutter sieben

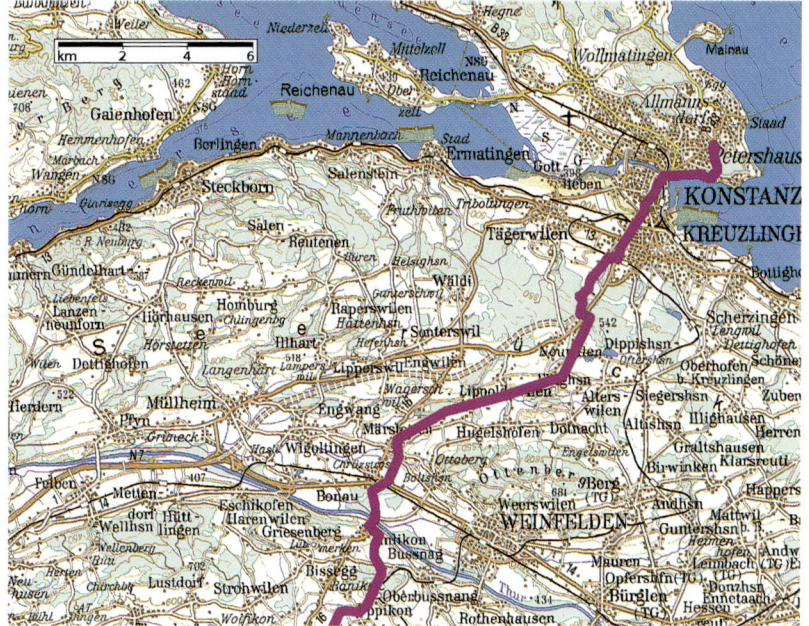

Wallfahrten nach Einsiedeln gelobt hatte, konnte er seine Hand wieder lösen.

Der etwa seit tausend Jahren bestehende Jakobsweg setzt sich durch Wald und Felder über *Schwaderloh, Ellighausen, Lippoldswilen* und *Wald* fort. Nach etwa drei Stunden Fußmarsch erreichen wir *Märstetten*.

In Märstetten befindet sich eine erstmals 1155 erwähnte Jakobskirche. Der Turm stammt aus dem 13. oder 14. Jahrhundert. Im Innenraum blieb an der Chorbogenwand eine schöne spätgotische Darstellung des Jüngsten Gerichts erhalten.

Vor der Kirche findet sich der Hinweis auf eine Adresse in der Nähe, wo eine Santiago-Pilgerin den örtlichen Stempel verwahrt. Wenn sie selbst nicht zu Hause ist, liegt der Stempel in einem Briefkasten vor dem Haus. Auf dem Briefkasten steht an manchen Tagen auch ein Körbchen mit Äpfeln zur Wegzehrung für die Pilger bereit.

Am Ende des Dorfes liegt das Hotel Kreuzstrasse. Der Besitzer fuhr früher zur See. Daher überrascht die Ausstattung nicht: Der Gast fühlt sich wie auf einem Schiff.

Zweite Etappe: Märstetten – Fischingen

Von Märstetten aus führt der Weg weiter über die Ebene, biegt vor der Thur nach links ab, überquert den Fluss und erreicht *Amlikon.* Nach der Bahnunterführung am Ortsausgang von Märstetten ist kein Wegweiser zu finden. Der Wanderer kann sich gegen die Straße und für einen sehr schönen, schattigen Waldweg entscheiden, muss dann aber ein Stück an der Thur entlang gehen, um zur Brücke über den Fluss zu kommen. An der Thur bestand einst ein wichtiger Fährbetrieb.

 Wegstrecke: Märstetten – Amlikon – Holzhüseren – Maltbach – Kaltenbrunnen – Tobel – Sankt Margarethen – Sirnach – Fischingen

 Länge: 27 Kilometer. Für diese Tour ist eine gute Kondition erforderlich. Aufgrund fehlender Markierungen im Abschnitt von Sirnach nach Fischingen müssen Umwege eingeplant werden; die Weglänge kann sich dadurch erhöhen.

 Zeit: 6 Stunden

 Informationen: Verkehrsbüro Fischingen-Dusnang (in der Raiffeisen-Bank, Sonnenhofstraße 4, CH-8374 Dusnang), Telefon (00 41) (0) 7 19 78 70 10; Gemeindeverwaltung Fischingen, Telefon (00 41) (0) 7 19 78 70 70

 Unterkunft: Gasthaus Sternen, Fischingen, Telefon (00 41) (0) 7 19 77 16 17; Kneipp-Kurhaus, Dusnang, Tel. (00 41) (0) 7 19 78 63 63

Holzhüseren, Maltbach und *Kaltenbrunnen* sind die noch folgenden Stationen des Weges, der im weiteren Verlauf gut gekennzeichnet ist.

An der schönen ehemaligen Herberge »Biene« sollte der Pilger nicht vorbeigehen, ohne eine ausgiebige Pause einzulegen. Hier hat sich nach Aussagen erfahrener Pilger frisch gespritzter Apfelmost, der Jahreszeit entsprechend, bewährt.

Am Ortseingang des Weilers *Kaltenbrunnen* steht linker Hand ein barockes Jakobuskirchlein. Im nördlichen Chorfenster ist das Antlitz des Pilgervaters abgebildet.

Ein Abstecher zur Pfarrkirche Sankt Jakob und zur schö-

nen Sankt-Idda-Kapelle mit ihren Pilgerkritzeleien in Lommis ist nur empfehlenswert, wenn man in Tobel übernachtet, sonst wird die Tagesstrecke zu lang. Um nach Tobel zu gelangen, muss der Pilgerweg verlassen werden. Wir folgen den örtlichen Hinweisschildern.

Hinter der Abzweigung nach *Tobel* folgt ein Wegweiser: Von hier aus sind es noch 1925 Kilometer nach Santiago de Compostela. Nach Fischingen ist man dagegen »nur« knapp vier Stunden unterwegs. Der Jakobsweg setzt sich hinter Tobel entlang der Murg nach *Sankt Margarethen* und *Sirnach* fort.

In Sankt Margarethen ist das Pilgerhüsli sehenswert. Die 1641 errichtete Renaissancekapelle Sankt Margaretha ist ein Nachfolgebau eines noch älteren Kirchenbaus und kann mit Rötelzeichnungen und zahlreichen Pilgerinschriften aus dem 17. Jahrhundert aufwarten.

In Sirnach hat der Wanderer zwei Möglichkeiten: Entweder er geht durch den Ort zur ehemaligen Pilgerherberge »Zum Engel« und zum Brunnen mit den drei Muscheln des Gemeindewappens, oder er meidet die Ortsmitte und kommt direkt zur quer verlaufenden Autobahn. Hier fehlt eine wichtige Markierung. Wir wählen den Weg nach links. Die etwa 350 Meter entfernte Unterführung sollte nicht benutzt werden, da sie einen Umweg zur Folge hat. Bis Wies müssen wir leider die Ausfallstraße aus Sirnach heraus benutzen. Auch zwischen Anwil und Fischingen fehlen einige Markierungen: Von Oberwangen zur Martinskapelle und im Waldgebiet vor Fischingen. Dies kann zusätzliche Wegstrecken bedeuten.

In *Fischingen* angekommen, lädt das stattliche Benediktinerkloster zur Besichtigung ein. Es wurde 1133 durch das Kloster Petershausen bei Konstanz gegründet. Seine Blütezeit reichte vom 16. bis ins 18. Jahrhundert. Die barocken Bauten entstanden um 1760. Im Kloster kann man sich zu einer zweistündigen Führung anmelden.

Auch der Wallfahrtsort der heiligen Idda lohnt einen Besuch. In dem Sandsteingrabmal der schlafenden Idda befindet sich ein Fußloch, in das einst die Pilger ihre schmerzenden Füsse hinein stecken konnten. Die Heilige war des Ehebruchs beschuldigt und

zum Tode verurteilt worden. Nachdem sie den gewaltsamen Sturz in den Tobel überlebt hatte, war sie in den Dienst Gottes getreten.

An dieser Stelle sei das Gasthaus »Sternen«, das zum Übernachten einlädt, erwähnt. Die Wirtsleute freuen sich besonders, wenn Pilger in ihrem Haus einkehren. Falls das Gasthaus belegt ist, gibt es auch die Möglichkeit im Kloster in Mehrbettzimmern Quartier zu bekommen.

Dritte Etappe: Fischingen – Steg

In Fischingen erfordert der Abstieg vom Kloster hinunter zur Murg Vorsicht und Trittsicherheit wegen der Rutschgefahr. Wer sich unsicher fühlt, kann den Weg über das Sträßchen nehmen, der aber etwas weiter ist.

Hinter Au mit der Pfarrkirche Sankt Anna und dem Bildstock der heiligen Idda beginnt der Aufstieg zum Hörnli, mit 1133 Meter einer der höchsten Aussichtsberge der Region. Kurz vor dem Gipfel kommt man am Dreiländergrenzstein Thurgau – Sankt Gallen – Zürich vorbei. Eine Tafel informiert ausführlich über den Weg und seine Geschichte. Ab hier wird er wieder Jakobsweg genannt. Die Wegweiser sind nicht mehr weiß, sondern braun, und die Beschilderung ist durchgängig. Der Anstieg zum Hörnli ist teilweise ziemlich steil, man sollte den Aufstieg nicht in der größten Mittagshitze vornehmen, denn er kann viel Schweiß kosten.

Entschädigen können sich die Pilger mit einer schönen Einkehr im Gasthaus auf dem Hörnli und mit einer einmaligen Aussicht auf die Schweizer Bergwelt (Säntis, Glarner Alpen, Pilatus, Eiger). Dann folgt der etwa dreistündige Abstieg nach *Steg*, vorbei an einer Gedenktafel für

 Wegstrecke:
Fischingen – Hörnli – Steg

 Länge:
9 Kilometer

 Zeit: 3 Stunden (500 m Auf- und 400 m Abstieg)

 Unterkunft:
Gasthaus zum Steg, Steg, Telefon (00 41) (0) 5 52 45 11 61, Internet-Adresse: www.landgasthof-steg.ch

einen Jakobuspilger, der 1995 hier verunglückt ist. Im Gasthaus zum Steg kann der Pilgerwanderer einkehren. Dem Gasthaus gegenüber liegt eine Käserei, in der man vorzüglichen Ziegenkäse erstehen kann.

Vierte Etappe: Steg – Rapperswil

Der Weg von Steg nach Rapperswil führt zunächst entlang der Autostraße nach *Fischenthal*. Dann weiter auf einem kleinen Sträßchen, zuerst nach *Gibswil* und später nach *Ried*. In Ried kommt der Wanderer an eine Wegegabelung. Es geht jetzt entweder auf einer geteerten Straße oder über einen kleinen Anstieg auf einem Wiesenweg weiter. Letztere Variante ist empfehlenswert, auch wenn der Weg ein bisschen weiter ist. Er führt den Wanderer nach *Blattenbach* zu einer ehemaligen Herberge namens »Zum roten Schwert«. Hier findet man zwei Pilgersprüche an der Hauswand:

 Wegstrecke:
Steg – Fischenthal – Gibswil – Ried – Blattenbach – Dachsegg – Jona – Rapperswil

 Länge:
20 Kilometer

 Zeit: 5 Stunden (123 m Auf- und 411 m Abstieg)

 Informationen:
Tourist-Information Rapperswil, Telefon (00 41) (0) 5 52 20 57 57

 Unterkunft:
Jugendherberge in Jona, Telefon (00 41) (0) 5 52 10 99 27 (rechtzeitige Anmeldung empfehlenswert); Hotel Jakob, Rapperswil, Telefon (00 41) (0) 5 52 20 00 50

»Mein Wandel sol in Himel sein.
Obschon ich leb auf Erden.
Ein Pilger bin ich hier, allein
Dort hoff ich Bürger werden«

Und der zweite:

»Der gestrig Tag der ist vergangen
Laßt uns den Hüttigen wol anfangen.
Der Mensch gar siechtlich fallt zugrund
Muß sterben weißt nicht welche Stund.«

Der Name des Gasthofes geht vermutlich auf den Einsatz des Jakobus als Maurentöter zurück. Der Legende nach hat er durch seine Erscheinung als Ritter auf einem weißen Pferd mit einem roten Schwert bewaffnet 844 in der Schlacht von Clavijo den Christen zum Sieg über die Mauren verholfen.

Eine angenehme Überraschung erwartet die Pilger auf dem weiteren Abstieg nach Rapperswil in *Dachsegg*: In einem kleinen Bauernhaus am Weg bietet eine Familie dem Wanderer Apfelsaft, Jakobustee, Brötchen und Jakobusleckerli. Hinter Dachsegg geht es über Wanderwege beständig abwärts. Mit dem Zürichsee vor Augen zieht sich der Weg jedoch noch hin, bis die Jugendherberge in *Jona* in Sicht ist. Das letzte Stück des Weges dorthin muss man erfragen.

Fünfte Etappe: Rapperswil – Einsiedeln

Von Rapperswil aus geht es erst einmal auf dem gut vier Kilometer langen »Seedamm« über den Zürichsee, vorbei am Heilighüsli und der Kapelle »Unserer Lieben Frau« in *Hürden* hinüber nach *Pfäffikon*. Anschließend folgt der ziemlich steile und »luftraubende« Anstieg zum *Etzelpass*. Es geht durch Hohlwege, über Almwiesen und Waldwege. Steilere Passagen sind mit Querbalken aus Holz abgestützt. Bei nasser Witterung besteht Rutschgefahr, ebenso erweisen sich die zahlreichen Wurzeln auf den Waldwegen als Fußangeln.

Nach Durchqueren einer Panzersperre kommt man auf der Passhöhe (1097 m) zur Kapelle des heiligen Meinrad, einer Kopie der Gnadenkapelle von Einsiedeln. In der Nähe befindet sich das gleichnamige Gasthaus. Die Passhöhe ist ein beliebtes Ausflugsziel, das auch mit dem Auto erreichbar ist. An sonnigen Tagen und am Wochenende herrscht hier Hochbetrieb.

Der Weg vom Etzelpass bis Einsiedeln führt fast durchgehend auf asphaltierten Straßen. Zunächst folgt ein steiler Abstieg zur Teufelsbrücke (Tüfelsbrugg) über die Sihl. Vorbei am Geburtshaus des Paracelsus geht es über offenes Gelände mit herrlichem Blick auf den Sihlsee und die beiden Mythen, die Schwyzer Hausberge. Eine ganze Weile sieht der Pilgerwanderer die mächtige barocke

Klosteranlage von *Einsiedeln* schon in der Ferne, bis er die letzte Station dieses Weges erreicht.

Einsiedeln ist der älteste und bedeutendste Wallfahrtsort der Schweiz. Seine Ursprünge reichen bis ins 11. Jahrhundert zurück. Hauptanziehungspunkt ist die Schwarze Madonna in der Gnadenkapelle. Im Gegensatz zu den Marienwallfahrtsorten Lourdes und Fatima, findet das Wallfahrtsgeschehen in Einsiedeln in kleinen Gruppen und fast unauffällig statt.

Täglicher Höhepunkt bildet das Salve Regina: Um 16.30 Uhr ziehen die Mönche des Klosters in einer Prozession zur Gnadenkapelle, um dort das Salve Regina zu singen.

Jährlicher Höhepunkt ist das Fest der Engelweihe am 14. September. Das Kloster und Teile des Dorfes erstrahlen im Kerzenlicht, und die Pilger begeben sich zur Lichterprozession auf den Klosterplatz.

Wegstrecke: Rapperswil – Hürden – Pfäffikon – Einsiedeln

Länge: 16 Kilometer

Zeit: $4^1/_2$ Stunden (540 m Auf- und 136 m Abstiege)

Informationen: Verkehrsbüro Einsiedeln, Telefon (00 41) (0) 5 54 18 44 88

Verkehrsanbindung: Zugverbindung Einsiedeln–Konstanz, etwa alle halbe Stunde

Es ist für den Pilger eine große Umstellung, wenn er aus der Einsamkeit des Wanderns an einem Feiertag oder am Fest »Maria Namen« eintrifft und die ganze Stadt und die Kirche überfüllt sind.

Hier, vor der Kirche, haben sich einst ähnlich wie vor dem Konstanzer Münster zahllose Pilger versammelt, um gemeinsam weiter zu ziehen. Auf diesem Streckenabschnitt sind sie gemeinsam nach Rom und Santiago de Compostela gegangen. Erst später trennten sich ihre Wege.

Der Jakobsweg von Rorschach nach Einsiedeln in fünf Etappen

Auch auf dieser Route finden sich entlang des Weges etliche Kirchen und Kapellen, die dem Pilgerpatron Jakobus geweiht sind.

 Gesamtstrecke: 99 Kilometer

 Karten: Schweiz, 1 : 60 000, Blatt 864 (Toggenburg – Sankt Gallen – Appenzell), Blatt 872 (Schwyz – Zug – Vierwaldstätter See), Kümmerly & Frey AG

In Steinach, nur vier Kilometer westlich von Rorschach besteht eine Jakobuskirche, deren Pfarrer und Kirchengemeinde sich mit der Pilgerfahrt sehr verbunden fühlen. Ebenso häufig auf dem Weg vertreten sind aber auch Sankt Jodok, hier Sankt Jost genannt, und weitere Schutzheilige der Reisenden.

 Wegstrecke: Rorschach – Schloss Sulzberg – Martinstobel – Sankt Gallen – Bruggen – Herisau

 Länge: 26 Kilometer

 Zeit: 7 Stunden

 Informationen: Verkehrsbüro Rorschach, Telefon (00 41) (0) 7 18 41 70 34; Tourist-Information Sankt Gallen, Telefon (00 41) (0) 7 12 27 37 37; Internet: www.stgallen-i.ch

Erste Etappe: Rorschach – Herisau

Rorschach mit seiner sehr schönen Barockkirche und dem sehenswerten Jakobsbrunnen hatte als Hafen immer eine große Bedeutung und wird schon früh als Pilgerstation genannt. Von dort verläuft der Weg leicht ansteigend an *Schloss Sulzberg* vorbei. Der Blick zurück bietet ein wunderschönes Bodensee-Panorama. Am Bildstock der Apollonia vorbei, führt der Weg durch drei kleine Ortschaften, Vorder-, Mittler- und Hinterhof, und anschließend auf schmaleren Wegen durch den *Martins-*

tobel in Richtung *Sankt Gallen*. Bis der Wanderer die Altstadt erreicht, ist es noch ein gutes Stück.

Sankt Gallen liegt eingebettet zwischen 900 Meter hohen Hügeln am Rande des Appenzeller Landes. Die gut erhaltene historische Altstadt, inmitten eines idyllischen Tals gelegen, wird umrahmt von bewaldeten Berghängen und hübschen Wohnhäusern.

Sankt Gallen weist eine hohe Anzahl von Kirchen auf. Die Bedeutendste ist sicherlich die Klosterkathedrale. Einst existierte auch eine Jakobskapelle, an die heute nur noch ein Straßenname erinnert.

In südwestlicher Richtung geht es über *Bruggen*, einige Zeit am Gübsensee entlang und weiter auf dem »Schlampiweg«, einem steilen Weg hinunter zum Friedhof. Die lokal übliche Bezeichnung dieses Weges rührt noch aus jener Zeit her, als Lasttiere den Weg hochgetrieben wurden und dabei wohl sehr schwach, also »schlampig« wurden. Bis *Herisau* steigt der Jakobsweg beständig an, nur für kurze Zeit geht es bergab.

Zweite Etappe: Herisau – Wattwil

Der Wanderer lässt Herisau hinter sich und folgt reizvollen Wegen durch Wald und Wiesen, die auf dieser Etappe bis auf 1000 Meter Höhe ansteigen. Er passiert Waldstatt und Schwellbrunn und erreicht das 700 Meter hoch gelegene *Sankt Peterzell,* das sich für eine Rast eignet. So bleibt dem Wanderer auch genügend Zeit, sich an der architektonisch bedeutsamen Barockkirche zu erfreuen. Der Weg vorbei an stattlichen Gehöften bleibt abwechslungsreich. Über den Weiler *Hofstetten* führt er hinauf auf den *Reitenberg* und erreicht beinahe wieder 1000 Meter Höhe.

Die Wasserscheide des Scherrers geleitet den Wanderer hinunter nach *Wattwil.* Der 600 Meter hoch gelegene Ort bietet dem Wanderer einen prachtvollen Blick auf die Alpen.

Wegstrecke:
Herisau – Waldstatt
– Schwellbrunn –
Peterzell – Hofstetten –
Reitenberg – Wattwil

Länge:
23 Kilometer

Zeit:
$6^{1}/_{2}$ Stunden

Informationen:
Verkehrsbüro
Wattwil, Telefon
(00 41) (0)71 9 88 11 44;
Internet: www.wattwil.ch

Unterkunft:
Hotel Löwen,
Telefon
(00 41) (0) 71 9 88 51 33;
Hotel Schäfle, Telefon
(00 41) (0) 71 9 88 12 60;
Hotel Toggenburg
(00 41) (0) 71 9 88 12 42

In Wattwil trafen vermutlich auch Pilger ein, die auf anderen Wegen hierher gefunden hatten. Mehrere Burganlagen bestätigen die Bedeutung als Durchgangsstation und Kreuzungspunkt verschiedener Straßen.

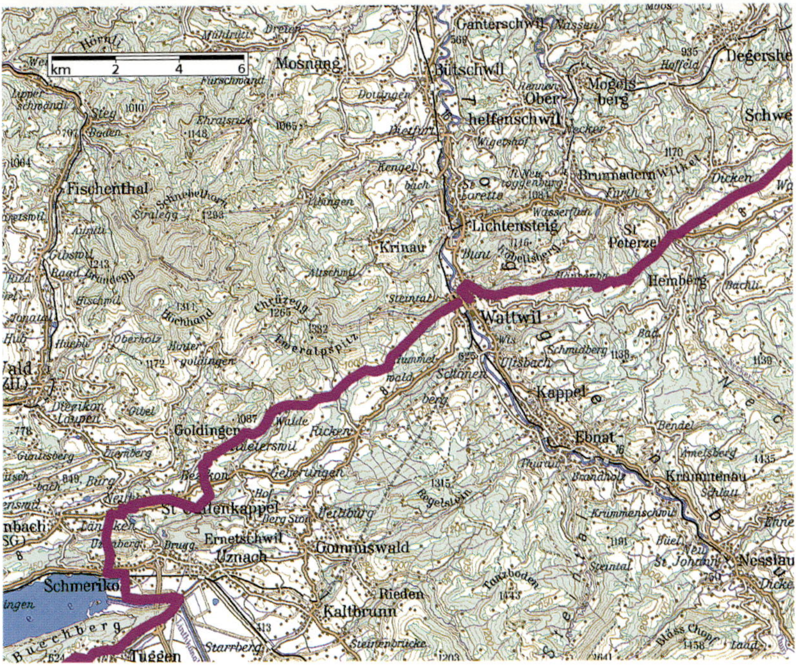

Dritte Etappe:
Wattwil – Schmerikon

Von Wattwil aus führt der Weg anstrengend zum Rickenübergang hinauf.

Von dort geht er über den Laadpass nach *Walde,* passiert *Rüeterswil* – hier lädt eine Gaststätte zum Verweilen ein – und *Bezikon.*

In einem weiten Bogen geht es an *Sankt Gallenkappel* vorbei zur Jakobskapelle von *Neuhaus.* Nach weiteren hundert Höhenmetern Abstieg wird *Schmerikon* am Obersee des Zürichsee erreicht.

Wegstrecke:
Wattwil – Walde – Rüeterswil – Bezikon – Sankt Gallenkappel – Neuhaus – Schmerikon

Länge:
19 Kilometer

Zeit:
5 Stunden

Informationen:
Tourist-Information Rapperswil, Telefon (00 41) (0) 5 52 20 57 57; Gemeindeverwaltung Schmerikon, Telefon (00 41) (0) 5 52 86 11 13

Wegstrecke:
Schmerikon –
Tuggen – Siebnen –
Lachen

Länge:
17 Kilometer

Zeit:
4½ Stunden

Informationen:
Verkehrsbüro
Lachen (in der
Schweizer Kantonalbank,
Mittlere Bahnhofstr. 5,
CH-8853 Lachen), Telefon
(00 41) (0) 5 54 51 04 50;
Gemeinde Lachen, Telefon
(00 41) (0) 5 54 42 13 09

Vierte Etappe:
Schmerikon – Lachen

Von Schmerikon aus kann der Pilger den Obersee umwandern. Zuerst geht es in Richtung des Kanals, schließlich links um den Buechberg herum und nach *Tuggen*. Später verlässt der Weg die Straße, steigt anfangs an und fällt vor der Ortschaft *Siebnen* wieder etwas ab. Inzwischen ist man im Kanton Schwyz angelangt, und auf angenehm ebenen Wegen durch Wiesen und Felder erreichet man *Lachen*.

Wer mag, kann von hier aus einen Abstecher in den etwa 30 Minuten entfernten Ort *Altendorf* unternehmen. Dort existiert eine Jakobskapelle nahe der Kirche.

Wegstrecke:
Lachen – Sankt
Meinrad – Teufels-
brücke – Einsiedeln

Länge:
16 Kilometer

Zeit:
5 Stunden

Informationen:
Verkehrsbüro
Einsiedeln, Telefon
(00 41) (0) 5 54 18 44 88

Fünfte Etappe:
Lachen – Einsiedeln

Die letzte Etappe beginnt auf einem leicht ansteigenden Weg, der einen herrlichen Blick auf den Zürichsee gewährt. Nach einiger Zeit und einigen kräftigen Anstiegen vereint er sich bei Sankt Meinrad mit dem Schwabenweg, der von Konstanz kommt. Es folgt der Abstieg zur *Teufelsbrücke (Tüfels-brugg)* und weiter zu unserem Pilgerziel *Einsiedeln*.

Kloster Einsiedeln

Weiter nach Santiago de Compostela

Von Einsiedeln nach Rüeggisberg

Von Einsiedeln führt der Weg in Richtung Brunnen. Hier spaltet sich der Weg in eine westliche und eine südliche Variante:

Der eine Weg führt nach Süden über den Brünigpass, entlang dem Brienzer- und Thunersee nach Rüeggisberg.

Die andere Strecke (von Caritas Schweiz und Bethlehem Mission Immensee gepflegt) setzt sich nach Westen über Kriens fort, an der Wallfahrtsstätte Hergiswald vorbei und verläuft weiter zur Sankt-Jost-Kapelle in Blatten. Weiter führt der Pilgerweg nach Werthenstein zu dem örtlichen Kloster, dessen »Gnadenbrünnli« erwähnenswert ist und dessen Wasser für seine Heilkraft bekannt ist. Die nächste Station ist die Jakobskirche in Geiss, und weiter geht der Weg nach Willisau. Zwischen Willisau, Ufhusen und Huttwil verläuft die Strecke auf der spätmittelalterlichen Verbindungsstraße von Luzern nach Bern. Im Kanton Bern geht es weiter über Dürrenroth, Häusermoos und Heiligenland auf die Lueg, anschließend weiter über die Emmentaler Hügelzüge. Durch einen markanten Hohlweg gelangt man nach Burgdorf. Weiter geht es über Krauchthal nach Utzingen, Boll, Dentenberg und Gümlingen. Nach einem weiteren Anstieg wird Rüeggisberg erreicht.

In Rüeggisberg vereinigen sich die beiden Wege wieder. Von hier setzt sich der Jakobsweg über Schwarzenburg nach Fribourg fort. (Dieser Teil des Wanderwegs ist bereits ausgeschildert.) Bis Fribourg sind auch jene Jakobspilger hinzugekommen, die die Strecke über Basel gewählt haben.

Von der Schweiz über Frankreich nach Spanien

Die nächst größeren Stationen sind in der Schweiz Lausanne und Genf und in Frankreich Le Puy. An der letztgenannten Station angekommen, befindet sich der Jakobspilger auf der ehemaligen Via Podiensis, die von Le Puy über Cahors und Moissac führt und sich in Ostabat mit den übrigen drei großen Straßen vereinigt. Die

Überquerung der Pyrenäen beginnt in Sankt Jean Pied de Port. Auf schmalen Wegen geht es hoch auf die Berge.

Wenn der Peregrino dann (so wird der Pilger in Spanien genannt), wie viele Pilger seit Hunderten von Jahren schon vor ihm, nach der Passhöhe tief unter sich eine mächtige Anlage mit wuchtigen Gebäuden aus hellem Sandstein, umgeben von Wald, sieht, hat er Roncesvalles, den ersten Ort auf spanischer Seite, erreicht. Er befindet sich nun auf dem bekanntesten aller Jakobswege, dem »Camino frances«, dem Franzosenweg. Santiago de Compostela ist ab hier »nur« noch etwa 30 Tageswanderungen entfernt.

Literatur

Aelbli, Hans: Santiago Santiago ... auf dem Jakobsweg zu Fuß durch Frankreich und Spanien; ein Bericht. Stuttgart 1990.

Blum, Jolanda: Jakobswege durch die Schweiz. Thun 1998.

Den Spuren folgen. Der Jakobus-Pilgerweg von Horb nach Loßburg. Hrsg. von Albert Eberhardt u. a. Selbstverlag der Herausgeber 1997. (Buchhandlung Kohler, Horb).

Der Jakobsweg. Geist und Geschichte einer Pilgerstraße. Mit Beiträgen von Raimund Allebrand u. a. Thomas-Morus-Akademie, Bensberger Protokolle 68. Bensberg 1993.

Fränkischer Albverein: Auf dem Jakobsweg von Nürnberg über Heilsbronn nach Rothenburg ob der Tauber. Uffenheim 1995.

Herbers, Klaus: Der Jakobsweg. Mit einem mittelalterlichen Pilgerführer unterwegs nach Santiago de Compostela. Tübingen 1998.

Herbers, Klaus (Hrsg.): Libellus Sancti Jacobi. Auszüge aus dem Jakobsbuch des 12. Jahrhunderts. Tübingen 1997.

Herbers, Klaus und Robert Plötz (Hrsg.): Der Jakobuskult in »Kunst« und »Literatur«. Zeugnisse in Bild, Monument, Schrift und Ton. Jakobus-Studien 9, 1998, XII. Tübingen 1998.

Jakobsweg I – Von Nürnberg nach Ulm. Ostfildern.

Jakobsweg II – Von Ulm nach Bad Waldsee. Hrsg. von Gerhild Fleischer. Ostfildern 1997.

Jakobsweg III – Von Bad Waldsee nach Konstanz. Hrsg. von Gerhild Fleischer. Ostfildern 1997 (2. Auflage).

Kessler, Michael (Hrsg.): Mit den Füßen beten. Ein Pilgerbuch. Ostfildern 1999.

Klein, Kurt: Der Kinzigtäler Jakobusweg. Wanderführer durch den mittleren Schwarzwald. Von Loßburg nach Schutterwald. Waldkirch 1994.

Lipp, Wolfgang: Der Weg nach Santiago. Jakobswege in Süddeutschland. Ulm 1991.

Pilgerwege der Schweiz: Schwabenweg Konstanz-Einsiedeln. Auf dem Pilgerweg nach Santiago de Compostela. Hrsg. von Hans Peter Mathis. Frauenfeld 1993.

Röckelein, Hedwig: Dynastische Interessen und Heiligenkult. Jakobusverehrung in den Territorien der Fürstenberger. Sonderdruck 1995.

Röhricht, Reinhold: Deutsche Pilgerreisen. Gotha 1889.

Teklenborg, Bert: Auf Jakobswegen Schweiz – Savoyen – Rhone. Von Konstanz nach Le Puy-en-Velay und Arles. Wanderreiseführer, Routenplaner. Salem 1998.

Witschi, Peter: Wandern auf dem Jakobsweg. Vom Bodensee zum Vierwaldstättersee. Herisau 1998.

Dank

Dank an die beiden begeisterten Jakobusanhänger Karl Stehle (Lippertsreute) und Herbert Helbing (München). Beide haben mit wichtigen Wegbeschreibungen zum Gelingen dieser Publikation beigetragen. Dank an Andrea Denkinger (Burladingen), die mit konstruktiver Mitarbeit am Gelingen beteiligt war.

Dank auch an das Europa Zentrum Baden-Württemberg, das mit fachlicher und persönlicher Unterstützung dieses Projekt mit vorangetrieben hat.

ZEITMANAGEMENT-SEMINARE

Was ist Zeit?
Eine mögliche Antwort: »Zeit ist, wenn sonst nichts ist …«

Die ›Durchlaufzeit‹, oder:
»Was du heute kannst besorgen …«

Zeit als Problem, oder:
»Woher nehmen, wenn nicht stehlen«

Stunde – Tag – Woche – Monat:
Arbeitsplanung, Arbeitsorganisation, Prioritäten setzen

Themen:

1. Fachinhalte gezielt präsentieren
2. Erfolgreiches Informations- und Wissensmanagement
3. Die Kunst des »Nein«-Sagens
4. Konzentrations- und Gedächtnistraining
5. Vom Stress zur Entspannung oder: Die Kunst der Pause.

Angewandte Methoden:
Informationen, Planspiele,
Aufstellen individueller Arbeits- und Zeitpläne.

Trainer:

Wolfgang W. Meyer M. A.

Kontakt: Telefon +49 (0) 171 8 30 19 70
oder Fax: +49 (0) 74 75 45 13 11
e-mail: wolfmeyer@bigfoot.com